미술의 상상력을 통한 시적 발화

강 경 호

에코미디어

미술의 상상력을 통한 시적 발화

2022년 10월 20일 인쇄
2022년 10월 25일 발행

지은이 | 강 경 호
펴낸이 | 정 찬 애
기획 · 인쇄 | 도서출판 에코미디어
등 록 | 2010년 1월 26일 제 359-2010-000001호
주 소 | 광주광역시 동구 양림로119번길 21-1(학동 151-4)
전 화 | (062)224-5319
팩 스 | (062)225-5319
E-mail | jcapoet@hanmail.net

ISBN 978-89-97482-60-3 03810

값 20,000원

*잘못된 책은 바꾸어 드립니다.
*이 도서는 한국문화예술위원회의 2022년 아르코문학창작기금(발간지원) 사업에 선정되어 발간된 작품입니다."

공급처 ■ 한국출판협동조합
경기도 파주시 적성면 적성산단3로 10(적성일반산업단지 내)
주문전화 (02)716- 5616, 070- 7119- 1740

미술의 상상력을 통한 시적 발화

|책을 펴내며|

서양화를 전공했지만 미술을 포기하고 문학의 길에 든 지 오래 되었다. 그렇다고 미술에 대한 관심을 접은 것은 아니었다. 끊임없이 미술작품의 상상력과 미술작품을 통해 어떻게 시적 발현을 하는지를 연구하였다.

서양미술사의 고전이며 대가인 마그리트·다빈치·로트레크·로댕·앤디 워홀·쇠라·고야·크림트·세잔·고갱·자코메티, 그리고 우리나라의 김정희와 이중섭 · 박수근 등 열다섯 분의 미술작품이 지닌 상상력과 이들 작품을 통해 시인들이 시적 발화와 시적 상상력을 펼치는 과정을 살펴보았다.

특히 이 책은 미술작가들을 이해할 수 있도록 그들의 삶과 예술세계에 대해 비중을 두었다. 미술가들의 삶과 예술적 상상력이 시인들에게 영감과 시적 발화에 영향을 주었을 것이라는 판단 때문이다.

그리고 미술가들의 작품과 시인들의 시가 어떻게 교감하는지도 눈여겨보았다. 장르간의 교감은 물론, 소통 · 창작의 과정과 작품의 위의를 쉽게 전달하려고 하였다.

『미술의 상상력을 통한 시적 발화』를 집필하는 동안 의외로 우리나라의 수많은 시인들이 미술에 관심이 많은 것을 알게 되었다. 그 중 김형술 시인은 아예 미술관련 책을 펴내고, 특히 서양미술사에 등장하는 많은 미술가들의 작품에서 영감을 얻어 시를 썼고, 이

책에는 등장하지 않지만 고 이승훈 시인은 서양미술 전문가 수준이라고 할 수 있다. 최승호 시인은 조각가 자코메티를 아예 한 권의 시집으로 펴내기도 하였다. 나희덕 시인은 그림전시회까지 했다고 하니 미술은 시인들과는 밀접한 거리에 있음을 알 수 있었다.

이 책을 쓰면서 한 가지 깨달은 것이 있다. 시적 영감을 주는 미술작품이 따로 있다는 사실이다. 세잔은 현대미술에 커다란 영향을 끼친 화가이지만 시인들에게는 시적 동기를 별로 주지 않는다. 그가 그린 풍경과 정물, 그리고 인물들은 영혼이 깃든 사물로 인식하지 않는다. 감정을 거세해 버리고 조형적인 의미로 그렸기 때문이다. 그러나 밀레·고갱·로댕·쇠라·로트레크·이중섭·박수근·김정희 등 미술가들의 작품에서는 인간의 가장 밑바닥에 있는 숨결 같은 따스한 인정이 느껴짐으로 많은 시인들에게 시적 영감을 주었을 것이다. 그러므로 대부분 시인들의 작품들이 인간애(人間愛)로 향하고 있음이다.

아무쪼록 이 책이 문학(시)과 미술의 통섭적인 측면에 물꼬를 트는 변곡점이 되기를 바란다.

끝으로 이 책에 등장하는 미술가들과 시인들에게 감사의 마음을 전한다.

2022년 가을에, 저자 강경호

| 미술의 상상력을 통한 시적 발화 -차례 |

르네 마그리트의 그림과 김형술·조말선의 시

시인을 '사물의 이면에 존재하는 또 다른 모습을 보는 사람'이라고 생각하는 것은, 훌륭한 시는 조각작품 같은 것이어서 앞에서 볼 때, 뒤에서 볼 때, 옆에서 볼 때, 그리고 위에서 내려보거나 밑에서 올려다볼 때마다 각기 다르기 때문이다. 매너리즘에 빠진 관념적 시각으로 사물을 바라보게 되면 늘 보아왔던 뻔한 모습으로 보이기 때문에 숨겨진 또 다른 진실을 찾기 위해서는 다양하고 낯선 시선이 필요하다.

르네 마그리트(Rene Magritte, 1878~1967)는 그림으로 시를 그리는 시인이다. 눈에 보이는 세계를 캔버스에 재현하는 데 만족하지 않고 세계를 변형하고자, 세계로 하여금 몸을 열게 하였다. 그의 회화는 눈에 보이는 것을 시적이고 마술적으로 배열함으로써 자신이 원하는 것을 하고 싶어 했다. 이러한 배열은 관람자의 시선이 세계의 가장 깊숙한 곳, 몸, 감각을 꿰뚫어 볼 수 있게 한다. 그의 주된 관심사는 현실의 묘사, 즉 세계 속 대상의 현시(顯示)를 찬미하는 것이라기보다는 깊숙이 감춰진 본성을 드러내는 그림을 창조하는 것이었다.

마그리트의 회화에서 이미지는 통속적 재현이 아니다. 사물을 보는 방식과 그리는 기법, 즉 자신의 눈과 손을 통해 포착된 자신의 몸, 화가 자신을 묘사하는 것이기 때문이다. 그러므로 그의 회화는 증명사진처럼 동일성의 의미를 전하지 않는다. 그의 회화는 외형적으로 눈에 보이는 현실 자체가 아니라 현실 이면에 있는 깊이를 헤아릴 수 없는 비밀에 시선을 돌린다. 이러한 그의 이미지는 언제나 사유를 불러일으킨다. 이와 같은 입장에서 마그리트는 그것이 이미지로서 갖는 고유한 상황을 반성할 것을 요구한다.

자신만의 예술세계를 구현하기 위해 그는 말[言]에 깊이 천착한다. 말[言]은 가시적인 영역에 속하지만, 마그리트에게 말은 시적인 기민함의 관점에서 벗어나지 않는다. 예를 들어 '한강'이라는 말은 서울을 떠올린다. 그러나 실제적인 한강을 눈앞에서 만나게 하는 것이 아니라 우리가 그동안 보았던 한강의 이미지만을 떠올릴 뿐이다. 이렇듯 실제의 한강과 비교되는 언어의 무기력함을 알게 된다. 이러한 과정에서 우리는 거기에서 엄청난 힘, 즉 놀라운 기만적인 능력을 발견하게 된다. 말로써는 "나는 달에 있다"와 같은 거짓 주장을 할 수 있다. 마그리트는 이러한 언어의 시적 능력에 사로잡히고 매혹하였다.

마그리트 회화의 또 다른 일면은 눈에 보이는 것과 보이지 않는 것, 그리고 사유 사이에 생기는 간극을 인식하는 것이다. 예를 들어 우리는 해를 200m 정도 떨어져 있는 크고 붉은 원반처럼 그리기도 하지만 실제로는 수만 광년 멀리 떨어져 있다는 것을 잘 안다. 그럼에도 석양에 서산으로 지는 해가 그렇게 보여지기도 한다. 그러나 마그리트는 작품에서 가시적인 것 내에서 이러한 현시를 무시한다. 캔버스라는 형이상학적 표면에 보는 것과 사유하는 것의 상호배제를 해소하기 위해 반성과 모방, 성찰과 거울 이미지라는 이질성을 드러낸다. 이러한 그의 작품들에서 회화의 대상은 일상세계에서 사물 사이에 존재하는 구속으로부터 자유롭다. 구속되기는커녕 인공적 능력과 물리적 잠재력을 소유하고 있으며 사유 자체의 특징이 그런 것처럼 멀리 달아나려는 충동을 드러낸다. 단 사유가 도무지 상상할 수 없는 것과의 적극적이고 격렬한 대결에 한해서 그러하다.

앞에서 지적한 것처럼 마그리트는 예술의 가장 중심에는 보이는 것 이면에 깃든 보이지 않는 것을 이미지화시킨다. 그러므로 그의 그림은 구상화이면서도 난해하다. 관념으로 바라보면 의미를 쉽게 짐작하기 힘들다.

그의 그림을 들여다보기 위해서는 그림 제목을 이해해야 한다. 이들 제목은 현실적 인식과 병치를 이루는 대조적인 요소를 제공한다. 제비꽃 다발에 얼굴을 가리고 깃털 장식이 달린 모자를 쓴 여자는 대상들이 서로를 은폐하는 「대전쟁」(1964년)에서는 눈에 보이는 것과의 끊임없는 투쟁으로 보아야 한다. 하나의 대상은 자신을 드러내는 동시에 은폐하며, 그에 의해 다른 사물에는 드러나는 정면과 어두운 뒷면이 있다. 마그리트가 논리에 도전하면서 아주 날카롭게 포착하여 가시화하는 것은 뒷면이다. 따라서 그의 그림 제목은 결코 설명이나 확인을 위한 것이 아니다. 그러기는커녕 그것을 추가적인 위반, 한층 불성실한 단서를 작동시킨다. 그 목적은 논리 내에, 그림에서 발생하는 것과 유사한 대립을 만들어낸다.

이러한 마그리트의 그림은 구상적이지만 동시에 예술의 재현 법칙을 끊임없이 공격한다. 그렇기 때문에 그가 그려내는 형상들은 시적이지만 서정시의 원리를 전복하는 초현실주의풍의 서정시와 같다.

어린 시절 시골 공동묘지에서 여자아이와 함께 철문을 들어 올리고 지하 납골당으로 내려가 놀다가 다시 묘지 위로 올라오니 쏟아지는 눈부신 햇빛, 그리고 그 햇빛 속에서 어떤 화가가 그리고 있던 부서진 묘지들의 풍경에서 예술에 마술이 깃들어 있다고 인식한 것처럼, 그는 관습과 가장 거리가 먼 그림들을 그리며 자유의 기쁨을 경험했다.

「빛의 제국」(1954년)에서는 밝은 대낮의 하늘과 어두운 밤의 숲과 집이 동시에 있다. 밤과 낮의 공존은 있을 수 없는 일이다. 시간과 공간을 초월한 다른 세계는 어린 시절 지하 봉안당에서 밖으로 나왔을 때 쏟아지던 빛처럼 충격적이다.

「유리열쇠」(1959년)는 바위가 공중에 떠 있는 그림이다. 암석의 무거움과 이 그림이 암석에 부여한 무거움의 대비가 두드러진다. 이 작품에서 알 수 있듯 마그리트는 어떤 불가능성을 또 다른 불가능성에 의해 묘사했다. 암석의 무거움은 이 그림이 암석에 부여한 가벼움과 서로 융화될 수 있다. 이처럼 화가는 일반적인 인식의 법칙에 모순되는 논리를 대상에 부여할 수 있다.

마그리트는 끊임없이 현실에서 일탈하는 가능성, 즉 예술에 내재하는 비현실성을 이용했다. 그려진 파이프로는 담배를 피울 수 없으며(「이미지 배반」, 1928년) 캔버스와는 사랑을 나눌 수 없음(「검은 마술」, 1933~1934년)을 작품을 통해 보여준다.

1967년의 작품인 「백지」에는 밤 풍경이 그려져 있다. 화면 아래쪽에는 집집마다 불이 켜진 마을이 어둠 속에 잠겨있다. 그런데 하늘을 거의 절반 차지하고 있는 나뭇잎 앞에 달이 배치돼 있다. 이는 원근법을 무시한 정도가 아니라 달이 불가능한 자리에 떠 있는 배치이다. '백지'라는 제목이 암시하듯 모든 글쓰기는 관습이나 문화 등이 전제된다는 의미를 담아내고 있는 이 그림은 상식과 관념의 일탈을 은연중에 말한다. 사실 「백지」라는 그림의 제목을 도저히 붙일 수 없는 이 작품에는 보이는 것 이면에 사유가 깃들어 있는 것이다.

이러한 마그리트의 생각이 반영된 것이 「백지 위임장」이다. 여성 기수가 말을 타고 숲속을 가고 있다. 말을 탄 사람은 나무를 가리고, 나무는 여자를 가린다. 하지만 우리의 사고능력은 눈에 보이는 것과 보이지 않는 것을 파악한다. 그래서 마그리트는 회화를 이용하여 이러한 사유를 가시화한 것이다.

「향수」(1940년)에는 다리 위에 사자와 날개를 접은 남자가 있다. 사자와 남자가 다리 위에 함께 있을 아무런 이유가 없다. 그들은 진성한 삶이란 언제나 현재의 삶과는 다른 어떤 것임을, 존재하지 않는 어떤 것임을 아는 사람들의 우울을 구현하고 있다.

나는 일찍이 마그리트의 이 그림에 매료된 적이 있다. 성서적으로 인간이 타락하여 에덴동산에서 쫓겨나 떠나온 낙원을 그리워하는 것쯤으로 이해하였다. 물론 나의 이러한 사유는 마그리트가 생각하지 못했던 부분이긴 하나 그의 그림을 또 다른 면에서 바라볼 수 있다는 측면에서 보이지 않는 것을 본다는 마그리트의 효과라고 할 수 있을 것이다.

초현실주의 회화를 그렸던 마그리트의 그림은 형상적으로 보았을 때는 초현실적이지 않다. 우리가 일상에서 쉽게 볼 수 있는 일상적인 것, 신변의 것들인데, 악기, 하늘, 숲, 총, 파이프, 유리창, 구두, 사자, 새, 악기, 빗, 방울, 병, 사과, 사람의 몸 등이 그것들이다. 그러나 그것들을 그리되 배치와 크기, 그리고 원근이 상식을 뛰어넘는다. 구두의 끝은 발가락이 되고, 대리석 여자의 얼굴에서 피가 흐르고, 악기가 불타고, 공중을 사람이 산책한다. 보여야 할 것이 사라지고, 숨겨진 부분이 보인다. 방이 인물과 함께 갑자기 돌이 되고, 날개 치는 새가 흰 구름이 있는 창공이 되어 투명해진다. 이처럼 물체의 비현실적인 배치, 자연의 원근 역전과 서로 섞여 엉클어짐, 물체의 재질의 전환 등에 의하여 마그리트는 고정화된 상식에 도전하고, 정신에 충격을 주고, 동시에 미지의 세계를 현시(顯示)하여 보여준다.

마그리트는 몽롱한 본능이나 정념의 초현실주의를 보여준 달리와는 달리 야릇한 정적에 가득 찬 초현실주의 세계가 사람의 일상에 있음을 인식시킨다. 그러므로 그의 초현실주의는 '현실'을 초월하는 대단함을 보여준 것이 아니라 '현실'의 뒤통수를 친다. 이러한 그의 '현실'은 자연의 사물, 즉 외부 세계의 일인 동시에, 사람의 시각과 체험 등 내부의 '현실'이기도 하다. 그의 인식 태도는 "우리가 날마다 바라보는 유리창을 통해서 바라보는 경치가 어쩌면 유리에 진짜와 똑같이 그려진 그림이 아닐까 하고 스스로 질문하게 하고, 또 방의 도어를 열면 뜻하지 않은 풍경이 보일지도 모른다."는 그의 말을 떠오르게 한다.

초현실주의적 회화는 시인들에게 낯선 상상력을 자극한다. 텍스트 자체가 낯설기 때문이다. 사실주의적 기법으로 그린 마그리트의 그림 역시 많은 시인에게 다양한 질문을 하게 한다. 김형술의 「말과 구름과 나무」, 조말선의 「마그리트」, 조용환의 「전원의 열쇠」, 조영서의 「대가족」, 강경호의 「향수」 등이 그것들이다. 이들 작품은 대부분 초현실주의풍의 모더니즘 경향의 작품들이다. 김형술과 조말선의 작품들은 보이는 것과 보이지 않는 것 사이에 놓여

있는 어떤 것을 그린 마그리트의 사유를 닮았다. 이들의 「말과 구름과 나무」,「마그리트」는 상식적인 언술로는 쉽게 이해하기 힘든 구조로 쓴 작품들이다.

김형술과 조말선은 부산에서 '세드나(Sedna)'라는 동인에 참여하는 시인들이다. 특히 김형술은 미술과 영화에 관심이 많아 이와 관련된 저술을 해 온 시인으로 영화와 그림을 본 후 쓴 시편들이 많은 편이다. 「말과 구름과 나무」 역시 그중의 한 편으로 이 작품 어디에도 마그리트의 이름을 거론하지 않지만, 시의 제목을 통해 서양미술을 섭렵하고 있는 그가 틀림없이 마그리트의 그림을 보고 난 후 이 작품을 썼다는 것을 알 수가 있다. 그가 관심 있게 본 그림은 「백지 위임장」과 「아름다운 세계」, 「황금의 전설」, 「상아탑」, 「거짓거울」, 「회화술」 등 구름과 나무가 등장하는 작품들로 짐작된다.

무슨 말로 나무를 그릴 수 있나
어떤 주문으로 나무 속에 들어갈까

나무는 말을 버리고
말은 나무를 이해하지 못한 채
그저 숲가를 서성이는데

그림자를 머리에 이고
그림자도 없이
세상을 떠나는 구름들

구름 속에 커다란 벽들이 있네

어떤 날은 읽히고,
어떤 날은 캄캄한

불타는 도서관이 숨어 있네
절반은 물, 절반은 돌인
저 이상한 경전(經典)들

가벼워라 가벼워

구름 속엔
세상 모든 바람에 흔들리면서
열리지 않는 완강한 서랍들

아무 말 없이도
세상 모든 바람을 읽는 몸이
나무 속에 숨어 있네

말의 몸을 가진 나무
벽의 얼굴을 가진 구름들

아아! 나는 열 수 있을까
-김형술, 「말과 구름과 나무」 전문

이러한 마그리트의 말[言]과 이미지에 매료되어 시적 발화를 했을 것으로 짐작된다. 앞에서 지적했듯이 마그리트는 말[言]을 수단으로 사용하지만 실은 언어의 본성과 그것을 언급하는 사물 사이에는 실재와 허구라는 차이가 있다. 말의 진실과 추상성에 대해

마그리트, 위임장, 1965년

마그리트가 탐색했듯이 김형술도 「말과 구름과 나무」에서 실재와 허구의 차이가 지닌 진실을 모색하고 있다.

그래서 화자는 "무슨 말로 나무를 그릴 수 있나" 하고 질문을 하는 것이다. 나무를 그릴 수 있다면 "나무 속에 들어갈" 수 있을 것이다. 그러나 화자는 나무 속으로 들어갈, 다시 말해 "나무를 그릴" 어떤 주문이 있는지를 생각할 수밖에 없다. 나무에 들어가기 위해서 택한 방법은 말(馬)을 타고 가는 것이었다. 그렇지만 "나무는 말을 버"린다. 나무를 만나지 못했기 때문이다. 이 작품에서 시인은 '말'이라는 언어가 지닌 이중적 의미를 교묘하게 이용한다. 우리 말 표기법상 '말'이라고 적지만, 그러나 각기 다른 의미를 지닌 '말[言]'과 '말[馬]'을 한문으로 표시하지 않고 사용함으로써 말의 모호함, 말의 추상성과 다의성을 통해 시적 효과를 높이고 있다. 그렇기 때문에 "나무는 말을 버리고/말은 나무를 이해하지 못한 채/그저 숲가를 서성이는데"에서 '말'이 말[言]이 될 수도 있고 말[馬]도 될 수 있는 것이다. 여기에서 화자는 말이라는 기호가 지칭하는 것을 정확하게, 가리키지 못하고 "그저 숲가를 서성"인다고 말한다. '숲'은 나무들이 모인 것이지만 그것을 '나무'라고 말하기가 곤란하다. 분명히 "나무"와 "숲"은 그 의미가 다르기 때문이다. 이는 산을 바라보면서 "숲만 보고 나무는 보지 못했다"는 말과 같다. 나무 속으로 들어가지 못하고 숲가에서 서성일 때 구름들은 "그림자를 머리에 이고/그림자도 없이/세상을 떠나"고 있다. 구름이 하늘에 떠가는 것은 지극히 일상적인 풍경이지만 그런데 구름은 "그림자를 머리에 이고" 있다. 태양이 지상에서 비춘다면 가능한 풍경이다. 그러나 태양은 언제나 하늘에 떠 있는 것이어서 구름의 그림자는 지상에 드리워질 수밖에 없다. 이처럼 우리가 아는 상식적인 세계가 아닌 곳에 나무가 있는 것이기 때문에 "말은 나무를 이해하지 못"하는 것이다.

그런데 "구름 속에 커다란 벽들이 있"다. '벽'은 불통을 의미하는데 "어떤 날은 읽히고,/어떤 날은 캄캄"하다.

구름 속에 "불타는 도서관이 숨어 있"다. 도서관은 책들이 모여 있는 장소이며, 많은 의미가 깃든 책이 있는 곳이다. 도서관이 숨어있는 구름은 "절반은 물, 절반은 돌"로 "이상한 경전(經典)들"이다. 그럼에도 불구하고 화자는 가볍다고 한다. 커다란 벽이 숨어있는 구름 속엔 "세상 모든 바람에 흔들리면서/열리지 않는 완강한 서랍들"이 있다. 그림자도 없이 떠나올 구름들 속에는 "커다란 벽"과 "불타는 도서관", "열리지 않는 완강한 서랍"들이 있는 셈이다. 이것들은 '열리지 않는 상황'을 암시하는데 '나무 속에 들어가기 힘든 상황'과 같은 것이다. 그러므로 화자는 "무슨 말로 나무를 그릴 수 있나"에 대한 질문 끝에 "아아! 나는 열 수 있을까" 하고 절망하는 것이다. "말의 몸을 가진 나무"이며 "벽의 얼굴을 가진 구름"이기 때문에 "나무는 말을 버리고/ 말은 나무를 이해하지 못한 채/ 그저 숲가를 서성이는" 것이다. 다시 말해, 말로써 사물의 모습을 직접, 그리고 정확하게 드러내기가 얼마나 어려운지를 말하고 있는 것이다.

초현실주의풍의 이 작품은 소통이 쉽지 않다. 특히 '말[言]이라는 언어'와 '사물의 실재'의 차이를 모색하고 있기 때문에 더욱 난해하고 추상적이다. 그럼에도 불구하고 마그리트가 한때 그림을 통해 깊이 천착했던 문제를 이 작품에서는 시를 통해 탐구하고 있어 비교예술적 관점에서 매우 흥미롭다.

마그리트, 통찰력, 1936년

정원에는 정원을 그린 화가가 없다
정원은 정원을 그려나가는 방법뿐이다
정원은 까다롭다
정원을 그려들어간 화가는 정원에 있다
정원에 갇히기 싫은 화가는 정원을 그려나간다
정원은 단순하다
정원은 정원사가 그리는 게 낫다

-조말선, 「마그리트」 전문

조말선의 「마그리트」는 발칙한 상상력을 지닌 예술가 '마그리트'를 시로 형상화한 작품이다. 이 작품에서 조말선은 마그리트의 삶을 모티브로 하여 시를 썼다기보다는 마그리트의 그림 속에 등장하는 이미지들을 시 작품 속에 녹였다. 특히 조말선이 관심을 가진 마그리트의 그림은 「통찰력」(1936년)의 작품이라는 생각이 든다. 마그리트는 1936년에 「통찰력」이라는 그림을 두 편 그렸다. 새의 알을 보고 새를 그리는 자신의 모습을 그리는 것과 새의 알을 보며 새를 그리는 「통찰력」이라는 그림을 그리고 있는 이중 자화상을 그린 그림이다. 알은 모티브가 되지만 화가에 의해 번역되어 캔버스에 현시될 때는 새의 형상을 취하는 그림을 통해 마그리트는 예술가라는 직업에 내재된 상상력의 과정에 대한 생각을 전하고자 한다. 고정화된 관습을 타파하고 자유로운 상상력을 구현하고자 하는 예술가의 정신이 투사된 작품들이다.

알을 보며 새를 상상하는 자유로운 영혼에서 시인은 커다란 매력을 느꼈을 것이다. 그래서 "정원에 갇히기 싫은 화가는 정원을 그려 나간다"고 진술했던 것은 아닐까.

조말선의 「마그리트」는 상식적인 관념으로는 읽어낼 수 없다. "정원에는 정원을 그린 화가가 없다"는 말은 당연한 말이다. 정원을 그린 화가의 눈에는 정원만 보이기 때문에 자신을 그려 넣지 않았을 터이다. 그러나 마그리트의 「통찰력」식으로 바라보면 정원을 그린 그림 속에는 화가가 없지만, 정원을 그리고 있는 화가의 모습을 또 다른 캔버스에 담아낸다면 "정원을 그려들어간 화가는 정원에 있다"는 진술이 이해가 간다.

과학적이고 합리적인 논리로는 도저히 이해할 수 없는 이 작품은 "정원은 까다롭다"라는 말처럼 까다롭다. 그러나 한편으로는 "정원은 단순하다"는 말처럼 단순하다. 앞에서 보았듯이 "정원에는 정원을 그린 화가가 없다" 그리고 "정원을 그려들어간 화가는 정원에 있다" 등에서 보았듯이 모순어법을 구상하고 있다. 그러므로 이 작품은 골치 아프지 않게 화자가 진술한 것처럼 그대로 받아들이고 이해했을 때 의외로 쉽게 이해할 수 있다.

이 작품은 작품을 바라보는 여러 가지 시각이 요구된다. "정원에 정원을 그린 화가가 없"기 때문에 "정원은 정원을 그려나가는 방법뿐이다" 마치 아무것도 없는 겨울의 삭막한 풍경이 봄 · 여름 · 가을 동안 푸르고 울긋불긋한 풍경을 만들어가듯이 정원이 스스로를 그려나가는 것이다.

이 작품에서 "그린"과 "그려나가는"의 주체는 각기 다르다. 1행에서의 "그린"의 주체는 화가이지만 2행에서의 "그려나가는"의 주체는 정원이다. 그렇기 때문에 "정원을 그려들어간 화가는 정원에 없다"는 진술이 설득력을 갖게 되는데 "정원을 그려들어간 화가"가 "정원"이기 때문이다. 더불어 "정원에 갇히기 싫은 화가는 정원을 그려나간다" 이때는 정원이 아니라 화가가 주체가 된다.

이 작품의 말미에서 "정원은 정원사가 그리는 게 낫다"고 진술한다. 주지하다시피 정원사는 정원을 가꾸는 사람이다. 즉 정원을 그려나가는 어떤 주체이다. 화가가 정원을 캔버스에 아름답게 옮기는 것 또한 정원사라고 할 수 있다. 뿐만 아니라 스스로를 가꾸는 정원 역시 정원사라고 할 수 있다.

얼핏 보기에 말장난하는 것 같은 조말선의 「마그리트」는 세계와 사물의 진실을 밝혀내는 데 일생을 바친 마그리트라는 예술가를 정원사에 비유하고 있는 작품이다. 일상적인 상상력을 뛰어넘어 언제나 새로운 인식과 이미지를 통해 참신한 예술세계를 연 마그리트라는 화가를 그려내고 있다.

밀레의 그림과 최승철·추영희의 시

밀레의 농촌풍경들이 서양의 농촌풍경임에도 불구하고 나라와 민족을 불문하고 일반 대중들에게 친숙한 것은 농경사회의 기억이 간직하고 있는 익숙함과 그림 속 주인공들이 사회의 약자들이기 때문일 것이다. 더불어 인간의 마음속에 깃들어 있는 선한 마음과 함께 우리의 마음을 정화시키는 까닭이다.

밀레가 살던 19세기 프랑스 화단은 살롱을 중심으로 작품을 발표하며 거기에서 인정받는 화가들이 주류세력으로 프랑스 화단을 이끌어갔다. 또한 역사화와 종교화, 초상화가 그림의 주된 주제여서 밀레와 쿠르베, 마네 등 신진 화가들의 새로운 인식과 감각을 지닌 근대적인 화풍은 평론가들로부터 비판의 대상이 되었다.

밀레도 처음에는 역사화나 초상화를 주로 그렸다. 그리고 생활을 위해 관능적은 누드화를 그려 팔기도 했지만 결국 그의 마음속에 깃들어 있는 진정한 예술에 대한 갈망으로 인해 그는 농부들의 일상과 농촌풍경을 그리게 된다.

1848년 2월 혁명 이후 제2공화국이 수립되자 새로운 사상들의 영향을 받아 역사화가 주종을 이루던 회화 장르에 일대 변혁이 일어났다. 그러자 밀레는 자신의 고향마을의 정경들을 그려야겠다는 생각을 가지게 된다. 이듬해인 1849년 정부의 주문 의뢰로 돈을 벌어들인 밀레는 콜레라가 창궐하는 파리를 떠나 퐁텐블로 숲 어귀에 있는 바르비종에 정착하여 1875년 죽을 때까지 그곳에서 산다. 밀레는 이곳에서 농부들의 다양한 생활상을 관찰한다. 농부들의 삶은 고달파 보였는데, 가난한 사람들이 숲으로 땔감을 주우러 간다거나 가을걷이가 끝난 뒤 이삭을 줍는 모습이 가슴 속에 남는다. 그리고 젊은 여인들이 집안과 들판에서 암소를 돌보거나 양 떼를 지키며 하는 갖가지 허드렛일을 묘사한다.

이러한 농부들의 가난하고 고달픈 모습을 화폭에 담아낸 그림인 「씨뿌리는 사람」은 1850년 살롱전에서 그에게 커다란 명성을 가져다준다. 이 그림은 바르비종에서 그렸으나 고향 그뤼시에 대한 회상이 투사되어 있다. 특히 그림에서 풍기는 장엄함은 그저 밭에서 일하는 농부들의 일상을 기록한 것을 뛰어넘어 성경의 잠언에 대한 회상이 작품 전체에 짙게 배어있다. 1855년에 그린 「접목사」는 베길리우스의 "다프니스여, 네 배나무를 접붙여라. 그러면 네 후손들이 그 과일을 딸 것이니"라는 구절을 연상시킨다. 조각과도 같은 엄밀한 구도를 통해 농부와 나무, 그리고 아내와 아이의 상호보완적인 두 군상을 보여준다. 남자 왼쪽으로는 과수원을 그리고 여자 오른쪽으로는 여물 더미를 배치한 배경은 「만종」의 구도를 예고한다.

밀레는 산업혁명 후 나날이 변화하는 현대문명에 의해 피폐해지는 전통적인 농촌의 모습들이 곧 사라질 운명에 처해있음을 뼈저리게 느끼며 마치 민속학자와 같은 시선으로 농촌 생활의 일상들을 증언하고자 했다. 그의 인물들은 힘 있게 그려지고, 넉넉하게 칠해지며, 유연하고 여유롭고 간결한 필치로 불필요한 장식적인 것들을 단순화 시켰다. 이는 주제를 선명하게 하기 위한 그의 장치이다.

1850년 밀레는 살롱전에 「건초를 묶는 사람들」과 함께 「씨뿌리는 사람」을 출품한다. 이 그림은 그가 살았던 바르비종의 들판이 아니라 밀레의 고향 콩탕탱 반도에 있는 그레빌 둔덕이다. 이 그림에 묘사된 농촌은 비판주의적 색채가 짙다. 씨뿌리는 사람의 손 너머로 그의 노력을 수포로 만들려는 듯 까마귀 떼들이 몰려와 흩뿌려지는 씨앗들을 덮치고 있다. 이 작품 속 남자는 거친 동작을 보이고 있는데 이러한 동작에서 웅장함과 기품이 서려 있다. 남루하지만 긍지에 차 있다. 그런데 비평가 중에서는 씨뿌리는 사람의 푸른색 바지와 붉은 색상의, 그리고 어깨에 걸친 하얀 씨앗 주머니의 삼색이 프랑스의 국기를 상징한다고 말하기도 하였다.

그의 대표작 중의 하나인 「이삭 줍는 여인들」은 세 여자가 힘겹게 가을걷이 뒤에 남겨진 이삭들을 줍고 있다. 그림 뒤쪽으로는 말탄 감독이 지켜보는 가운데 수확을 위한 마무리가 한창이다. 이 불쌍한 여인들은 이삭을 주우려면 시의원으로부터 허가를 받아야 했다. 세 여인이 그림 전면에 배치되어, 흡사 파르테논 신전의 돋을새김에서 따온 것 같은 군상을 이루고 있는데 제례의식적인 분위기를 강조하려는 듯 비슷한 동작을 반복하고 있는 모습이다. 낡고 뻣뻣한 옷차림이 이들이 서민 계층임을 강조한다면, 청, 분홍, 황토색의 대조가 개체적 특성을 드러내고 있다.

밀레는 1856년부터 자신의 작품을 '농촌화'라는 장르를 확고히 굳히게 되는데 양치기들을 즐겨 그리고 한다. 구약이나 신약에서 끊임없이 등장하는 양치기를 그린 그림은 늘 성경을 애독하는 독서가였던 밀레의 면모를 잘 보여준다. 이들 작품은 농촌 세계에 대한 환유가 담겨있다. 목축과 양모에 결부된 온갖 허드렛일과 이 소박한 사람들 사이의 관계가 어떤 종교적 차원으로 맺어져 있는 것처럼 보인다.

밀레를 생각할 때 가장 먼저 떠오르는 작품은 너무나 유명한 「만종」이다. 이 작품에 대해 밀레는 그의 친구에게 보낸 편지에서 "「만종」은 내가 옛날의 일을 떠올리면서 그린 그림이라네. 옛날에 우리가 밭에서 일할 때 저녁종 소리가 들리면 어쩌면 그렇게 우리 할머니는 한 번도 잊지 않고 꼬박꼬박 우리 일손을 멈추게 하고는 삼종기도를 올리게 하셨는지 모르겠어. 그럼 우리는 모자를 손에 꼭 쥐고 아주 경건하게 고인이 된 불쌍한 사람들을 위해 기도를 드리곤 했지." 말한 것처럼, 이러한 그의 회상이 아내가 기도하는 동안 남자는 모자를 들고 이 그림의 주제를 보여준다. 이 작품은 개인의 신앙심을 찬미한다기보다는 주로 여자가 이끌어가는 농촌 종교생활의 실상을 보여주는 사회적 공증이다.

이 작품에서 화면을 밝히는 빛은 왼쪽 상단이다. 그런데 빛은 빛을 등지고 있는 남자를 비껴서 조금 오른쪽에 떨어져 있는 여자에게로 향한다. 옆에 꽂힌 쇠스랑이 일개 노동자로서의 농부를 상징적으로 보여주는 반면, 바구니며 손수레 같은 소도구들이 먹을 것을 책임지는 아내와 어머니로서의 역할을 강조하면서 양자의 역할 분담을 확인시켜준다.

밀레가 농촌화가가 되기 전 선대 화가들이 다루었던 다소 외설스러운 느낌이 드는 나부, 관능적인 목가, 사랑에 관한 신화, 그리고 초상화를 그렸지만, 그러나 농촌에 시선을 돌린 밀레는 「감자수확」, 「건초를 묶는 사람들」, 「괭이를 든 사람」, 「그뤼쉬의 거위지기 여자」, 「까마귀가 있는 겨울」, 「나무를 접목하는 농부」, 「농부의 가족」, 「두엄 뿌리는 농부」, 「땔감 줍는 사람들」, 「만종」, 「목동, 저녁의 인상」, 「밭에서 삽질하는 사람」, 「보리죽」, 「빨래하는 여인들」, 「삽질하는 두 남자」, 「소 먹이는 여자」, 「송아지 탄생」, 「실 잣는 여자」, 「씨 뿌리는 사람」, 「앉아서 뜨개질 하는 양치기 소녀」, 「양떼의 귀가」, 「양털 깎는 여자」, 「양털을 손질하는 여자」, 「여름, 이삭 줍는 여인들」, 「추수하는 사람들의 식사」, 「커다란 나뭇짐을 진 사람」, 「키질하는 사람」, 「풀 말리는 사람들의 휴식」, 「하루 일을 끝내고」 등 그림 제목에서 짐작할 수 있듯이 농부들의 삶과 농촌을 그렸다.

그런데 그의 그림 속에 등장하는 농촌 사람들의 표정은 대부분 어두워 즐겁지 않다. 그리고 그림 속 주인공들 또한 여성들이 거의 주인공들이다. 이는 19세기 초 밀레가 살았던 당시 여성들에게 부가된 노동이 얼마나 큰 것이었는지를 보여준다. 밀레는 이것들을 놓치지 않고 거칠고 뭉툭한 붓실이지만 그러나 간략하고 정제된 화면구성으로 주제를 심화시켜 농촌의 리얼리티를 극대화시켰다.

훗날 빈센트 반 고흐는 밀레를 만나본 적은 없지만 밀레에게 무한한 존경과 찬사를 보낸다. 삽질하는 사람과 씨뿌리는 사람들의 크로키는 밀레의 흔적이 너무나 뚜렷하다. 밀레의 「괭이를 든 사람」 얼굴의 잔영이 고흐의 「감자 먹는 사람들」에서 발견되기도 한다. 뿐만 아니라 고흐의 농부를 그린 수많은 그림에서 밀레의 영향이 느껴진다. 밀레는 고흐뿐만 아니라 인상파의 피사로나 후기인상파의 고갱, 드가, 세잔, 그리고 피카소 등 수많은 후배 화가들에게 막대한 영향을 끼쳤으니 그의 예술의 그늘은 참으로 넓고 깊다.

밀레와 그의 회화 작품에서 영감을 받아 쓴 시작품으로는 강희근의 「밀레의 집」이 있고, 최승철의 「이삭 줍는 여자」, 추영희의 「만종」, 그리고 박주대의 「만종」 등이 있다. 강희근은 밀레의 집을 방문한 소회와 밀레의 삶, 그리고 그의 그림에서 느낀 감정들을 「밀레의 집」이라는 시로 형상화 시켰다. 최승철은 「이삭 줍는 여자」라는 작품의 제목이 암시하듯 밀레의 「이삭 줍는 여인들」이라는 그림을 통해 시상을 펼치고 있는데, 그림 속의 이삭 줍는 여인들의 모습에서 까칠한 어머니의 손을 떠올리고, "밑동이 잘린 벌판에서/ 동면을 마친 애벌레들이/ 대지를 밀며 끔틀거리"는 따스함을 발견한다. 추영희의 「만종」은 밀레의 「만종」 속의 농부의 모습이나 오늘을 살아가고 있는 소외계층들의 삶을 오버랩시키고 있다.

이들 작품 중에서 최승철의 「이삭 줍는 여자」는 비교적 따스한 온기가 전해지고 있는 것에 반해, 추영희의 「만종」은 우리 사회의 모순과 부조리를 담아내고 있어 주목된다.

먼저 최승철의 「이삭 줍는 여자」를 살펴본다.

낡은 가로등 아래 흔적 없이 왔다가는 발자국들이
뒷골목 싸락눈으로 내리고 나는 밀레의 그림 속
이삭 줍는 여인과 함께 잘 익은 장엄 속을 걸어갔다

시대를 한 번 더 할퀴며 잠들지 못하는 밤
역 광장의 집비둘기들은 둥지로 돌아가
갈비뼈를 부비며 서로의 온기에 기대 잠든다
밀레의 그림 속 이삭 줍는 여인과 함께
창가에 어른거리는 불빛으로 가슴 한 면을 밀어본다
가지 못한 始原 쪽으로 화물칸이 덜컹거리자
흔들거리는 창틀에 어머니의 얼굴이 잠시 떠올랐다
이삭 줍는 여인의 까칠한 손이 내 가슴 위에 얹힌다

장엄 속으로 펼쳐진 벌판에서

밀레, 이삭줍는 여인들, 1857년

뿌리까지 아린 후엔 따뜻한 봄 햇살이
내 발등 위에 닿을 수 있을 것이다
동면을 마친 애벌레들이
밑둥을 밀치며 꿈틀거리는지
마른 잔기침을 향해 울컥 내미는 흰 손
뒤축의 발자국들이 따뜻해졌다

그림 속에서
이삭 줍는 여인의 까칠한 손이
내 몸을 어루만지는지
점점이 눈송이 되어 내린 자리마다
장엄 속의 씀바귀 냄새

- 최승철 「이삭 줍는 여자」 전문

밀레는 「이삭 줍는 여인들」을 여러 번 그렸다. 이 중에서 1855년 것과 1857년 것이 많이 알려졌는데, 1855년 것은 배경에 수확한 곡물을 남자들이 들판에서 낟가리 쌓는 모습이 희미하게 그려져 있고, 1857년 것은 넓은 들판에 수많은 농부가 곡물을 추수하여 낟가리를 쌓거나 옮기려고 마차에 싣고 있는 모습이다. 화면 오른쪽 끝에는 감독관이 말 탄 채 들판에 서 있다. 그림의 모델들은 밀레가 지켜보던 샤이들판의 여인들이다.

그런데 이들 작품은 하늘과 들판 모두가 오렌지빛이다. 노을이 물드는 황혼 무렵일 수도 있겠지만 밀레는 일부로 화면의 배경을 누런 오렌지빛으로 칠한 것으로 볼 수 있다. 이들 작품 말고도 농촌 들판을 그린 작품들 대부분의 배경이 누렇기 때문이다. 그림은 매우 사실적이지만 이삭 줍는 여인들을 강조하기 위해 배경을 뿌옇게 한 가지 색조로 통일시킨 것이다. 누런 오렌지 색조는 그림 속 여인들의 노동을 신성시하기 위해 거칠지만 몽환적인 분위기를 연출한 것으로 보인다. 그렇다면 배경의 오렌지 색조는 밀레의 마음속에 깃든 신성함의 표현이라고 봐도 무방하다. 하루 일과가 끝나가는 황혼의 시간은 왠지 사람의 마음을 순화시킨다. 마음이 착해져서 고향을 그리워하듯 시원(始原)을 생각하게 하기도 한다. 그러므로 최승철의 시작품에서 화자는 "밀레의 그림 속 이삭 줍는 여인과 함께/ 잘 익은 오렌지 빛 속을 걸어갔다"고 보아도 될 것 같다.

그런데 밀레의 그림 속의 절기는 늦가을이지만 최승철의 시에서의 시간은 "뒷골목 싸락눈으로 내리"는 겨울밤이다. 그 밤에 눈이 바람에 흩날리는데, "역 광장의 집비둘기들은 둥지로 돌아가/갈비

뼈를 부비며 서로의 온기에 기대어 잠이 들었"지만 화자는 잠들지 못하고 "밀레의 그림 속 이삭 줍는 여인과 함께/창가에 어른거리는 불빛을 가슴 한 면으로 밀어 본다" 여기까지 시를 읽다보면 화자가 실상은 눈 내리는 겨울 길거리를 이삭 줍는 여인과 함께 돌아다니는 것이 아니라 자신의 집에 걸려있는 밀레의 그림 「이삭 줍는 여인들」을 바라보고 있음을 알게 된다. 이 그림을 보며 시적 발화가 된 것이다. 그림을 보면서 그림 속의 이삭 줍는 여인들과 "잘 익은 오렌지 빛 속을 걸어"가고 "창가에 어른거리는 불빛을 가슴 한 면으로 밀어"보는 것이다. 다시 말해 화자는 그림을 보면서 상상을 펼치고 있는 것이다. 화자는 그림을 통해 "가지 못한 시원(始原)"쪽으로 가는 상상을 해본다. 그때 "흔들거리는 창틀에 어머니의 얼굴이 잠시 떠올랐다/가라앉는다" 화자의 어머니는 농부였을 것이다. 그림 속 이삭 줍는 여인들의 모습에서 평생 농사를 지으며 손이 까칠해졌을 어머니가 생각이 나 이삭 줍는 여인과 어머니의 모습이 오버랩 된다. 쉽게 말해 밀레의 그림 속 이삭 줍는 여인은 어머니의 모습과 같은 것이다. 그렇기 때문에 여전히 이삭 줍는 여인에게서 눈을 떼지 못한 화자는 "이삭 줍는 여인의 까칠한 손이 내 가슴 위에 얹힌다"고 진술할 수 있는 것이다.

밀레의 그림 속 이삭 줍는 여인과 어머니가 동일성을 이루는 이 모습에서 화자는 잠시 얼굴이 뜨거워졌을 것이다. 그리고 이삭 줍는 여인의 까칠한 손에서 느끼는 것이 어머니가 들에서 일하다가 돌아와 자식의 몸을 만지는 감촉과 같았을 것이다.

화자가 밝힌 것처럼 그림 속의 "오렌지빛"은 "장엄"하다. 이삭 줍는 여인처럼 어머니도 들판에서 이삭을 줍고 노동을 했을 것이기 때문이다. 하루의 마지막 햇살이 쏟아지는 황혼의 들판은 "오렌지빛 장엄"을 연출하는데, 화자가 어머니를 생각하고 신성한 노동을 생각하는 그 시간은 눈이 내리는 겨울밤이다. 겨울밤에 화자는 "뿌리까지 아린 후엔 따뜻한 봄 햇살이" 자신의 "발등 위에 닿을 수 있을 것"으로 희망을 기대한다. 어쩌면 화자는 지금 인생의 겨울을 지내고 있는지 모른다. 그래서 들녘에도 겨울이 가면 봄이 오듯이 자신에게도 봄이 올 수 있다고 생각한다. 들판에 겨울이 한창이지만 그러나 "밑둥이 잘린 벌판"도 "동면을 마친 애벌레들이/대지를 밀며 꿈틀거리는" 것이어서 화자는 "마른 잔기침을" 해대고 있지만, "울컥 내미는 흰 손"을 느끼고 "뒤축의 발자국들이 따뜻해"진다.

밖을 여전히 바람에 눈이 흩뿌리는 겨울밤이지만 "그림 속에서/이삭 줍는 여인의 까칠한 손이" 화자의 "몸을 어루만지는지" 봄을 꿈꾸는 화자는 "점점 눈송이 되어 내린 자리마다" 봄을 상징하는 "쑥바귀 냄새"가 난다.

밀레의 그림 「이삭 줍는 여인들」을 겨울밤 자신의 집에서 바라보며 어머니의 숭고한 노동을 생각하다가, 겨울이 지나가면 봄이 온다는 희망을 생각하자 온몸이 따스해지는 것을 느끼는 화자의 마음이 희망적이고 훈훈하다. 밀레의 그림과 시인의 상상력 함께 버무려지며 어머니를 떠올리고, 노동의 신성함을 생각해내며, 마침내 자신의 꿈을 꾸는 시인의 상상력이 매우 절묘하다.

최승철의 작품에서 그림과 시인의 상상력이 엮어지며 긍정적인 의미를 낳은 것에 반해, 다음 추영희의 「만종」은 우리 사회의 모순과 부조리를 드러내고 있어 서로 대조가 된다.

> 밀레의 그림 속으로 들어가버린 저녁종
> 한 때의 유물 같은 평화로

밀레, 만종, 1857년

낡은 종탑에서 타종되는 하루
생육하고 번성하는 것들에 닿았다 돌아오는
저녁 거느린 종소리 아름답다
할 뻔 했다
밤새 종 안으로 웅크려 들었다가
생육하고 번성한 것들 하루 내 생사
시퍼렇게 내미는 새벽종
희망의 입구라
할 뻔 했다 대책 없이
굶주린 땅 죽어가는 아이의 눈도 목격한 햇살
주르르 흘린 혈변 같은 저 노을 또한 아름답다
할 뻔 했다

생육하고 번성하라 만든 뜻 따라 생육하는 말로
붙여진 온갖 것들 번성할수록
종소리와 종루의 헐어진 속들 위장약을 틀어넣으며
절룩절룩 붉게 돌아오는 저녁
마지막 생기를 불어 축복하던 피조물들 그 뜻대로 부디
낡은 종탑 반대편 땅에서도 은은한 소리로 저물어
번성하는 포성과 울음 대신 삽을 꽂아놓고 조용히
손 모으고 있는 가난한 부부와 아이들
밀레의 만종으로 다시 그려진다면
오래된 그림 속에서 걸어 나오는 종소리
이젤을 넘어뜨리고 경건하게 부활하는 저녁
저 혈변이 천사의 거룩한 피가 되겠는지

- 추영희 「만종」 전문

삼종기도(三鐘祈禱)는 가톨릭에서 매일 아침 · 정오 · 저녁에 세 번 종 칠 때마다 하느님의 독생자 예수 그리스도의 강생을 축원하고, 성모마리아를 공경하는 뜻으로 드리는 기도이다. 앞에서 말했듯이 밀레는 어린 시절, 들에서 일하다가 삼종기도의 종소리가 들리면 죽은 사람들을 위해 기도하라는 할머니의 뜻에 따라 기도를 했다고 고백하였다. 이러한 의미로 그린 밀레의 「만종」은 삼종기도 중 가장 나중인 저녁 무렵 들판에서 하루 일을 마치고 종소리와 함께 기도하는 농부 부부의 모습이다.

추영희의 「만종」에서 밀레의 「만종」을 기억하는 화자는 "한 때의 유물 같은 평화로/낡은 종탑에서 타종되는 하루"라고 말한다. 그래서 "생육하고 번성하는 것들에 닿았다 돌아오는/저녁 거느린 종소리 아름답다"고 한다. 당연한 말이다. 그러나 화자는 다음 행에서 "할 뻔했다"라고 말하며 그렇지 못한 현실임을 드러낸다. 그렇기 때문에 "밀레의 그림 속으로 들어가버린 종소리"라고 작품의 서두를 연 것이다. "밀레의 그림 속으로 들어가버린" 저녁종인 만큼 화자가 인식하는 현실은 부정적이다. "밤새 종 안으로 웅크려 들었다가/생육하고 번성하는 것들 하루 내 생사/시퍼렇게 내미는 새벽종/희망의 입구"가 될 것이다. 그러나 화자는 또다시 "할 뻔했다"며 부인한다. 역시 현실의 모순과 부조리로 인해 평화롭지 못하기 때문이다. 화자는 또다시 "대책 없이/굶주린 땅 죽어가는 아이의 눈도 목격한 햇살/주르륵 흘린 혈변 같은 저 노을 또한 아름답다"고 생각했다가, "할 뻔했다"며 역시 부정한다. 이처럼 화자가 '~할 뻔했다'는 식으로 부인한 것은 밀레의 「만종」의 배경인 하늘에서 하루를 거두는 일몰의 햇빛이 들판을 밝혀주는 모습이 아름답다는 생각이 들었다. 그러나 들판을 비춰주는 햇빛은 "굶주린 땅 숙어 가는 아이의 눈도 목격한 햇살"이기에 들판을 비추는 햇살이 아름답지 못하다고 인식하는 것이다.

성경의 창세기에는 "생육하고 번성"하라는 말씀이 여러 번 나온다. 하느님이 세상을 창조하는 닷새째 되는 날 하느님께서 "바다에는 고기가 생겨 우글거리고 땅 위 하늘 창공 아래에는 새들이 생겨 날아다녀라!" 하자 그대로 되었다. 이리하여 하느님께서는 큰 물고기와 물속에서 우글거리는 온갖 고기와 날아다니는 온갖 새들을 지어내셨다. 하느님께서 보시니 참 좋았다. 하느님께서 이것들에게 복을 내려 주시며 말씀하셨다. "새끼를 많이 낳아 바닷물 속에 가득히 번성하여라. 새도 땅 위에 번성하여라!" (창세기 1장 20~23). 창세기에는 또다시 "당신의 모습대로 사람을 지어내셨다. 하느님의 모습대로 사람을 지어내시되 남자와 여자로 지어내시고 하느님께서는 그들에게 복을 내려 주시며 말씀하셨다." 그리고

"자식을 낳고 번성하여 온 땅에 퍼져서 땅을 정복하여라."(창세기 1장 27~28) 하고 하느님이 지은 것들이, 특히 자신의 형상대로 빚은 사람이 생육하고 번성하라고 한다.

그런데 "생육하고 번성하라 만든 뜻 따라 생육하는 말로/ 붙여진 온갖 것들이 번성할수록/ 종소리와 종루의 헐어진 속들 위장약을 틀어넣으며/ 절룩절룩 불게 돌아오는 저녁"이라는 것이 화자의 현실 인식 태도이다. "생육하고 번성하라"는 하느님의 말씀은 축복이어서 "피조물들은 그 뜻대로 부디 "축복받기를 소망한다. "번성하는 포성과 울음 대신 삽을 꽂아놓고 조용히/ 손 모으고 있는 가난한 부부와 아이들/ 밀레의 만종으로 다시 그려"지기를 소망한다. 이처럼 화자가 인식하는 현실은 평화롭지 못하다. 이러한 현실 인식 때문에 만약에 밀레가 다시 살아와 또다시 「만종」을 그린다면 "오래된 그림 속에서 걸어 나오는 종소리/ 이젤을 넘어뜨리고 경건하게 부활하는 저녁/ 저 혈변이 천사의 거룩한 피가 되겠는지"를 묻고 싶은 것이다. 밀레의 그림 속에서 들려오는 평화로운 저녁 종소리가 오늘은 평화롭지 못하기 때문에 그의 그림 속의 붉은 저녁 하늘조차 "혈변"으로 보이는데, 밀레가 다시 그림을 그리게 되면 그 "혈변"조차 "천사의 거룩한 피"가 되겠는지를 우리 모두에게 질문하는 것이다.

그런데 한 가지 재미있는 것은 밀레의 「만종」을 X선으로 투과시켜보면 기도하는 부부 사이에 놓은 바구니 자리에 작은 관이 있다고 한다. 밀레가 이 그림을 처음 그릴 때 죽은 아내의 시신을 담은 관이 놓여 있었는데 그것을 지우고 그 위에 바구니를 그려 넣은 것을 추영희 시인은 알고 있었는지 모른다. 그랬기 때문에 「만종」이라는 시에서 모순된 현실을 담아냈던 것은 아닐까.

추사 김정희의 「세한도」와 도종환·박현수의 시

추사 김정희(1786~1856)는 고조할아버지 김흥경(1677~1750)이 영의정에 이르렀고, 증조할아버지 김한신(1720~1758)은 영조의 부마, 아버지 김노경은 판서와 한성판윤에 이르는 명문대가의 아들로 태어났다.

그의 호는 추사(秋史), 완당(阮堂) 등 백 수십 개가 있지만 완당을 즐겨 썼다. 실학자 박제가 문하에 들어가 공부하여 벼슬이 형조참판에 이르렀지만, 김우명의 모함에 희생이 되어 9년여에 이르는 제주도 대정에서의 위리안치 귀양살이와 말년에 북청에서 귀양살이를 한 쓸쓸하고 외로웠던 선비이다.

그는 금석문을 통해 서예를 연구하여 명실공히 우리나라 최고의 서예가가 되었다. 그의 독창적인 추사체는 그의 삶과 예술혼이 투사된 결과물이라고 할 수 있다.

그러나 추사는 훌륭한 화가가 아니다. 그가 난을 나름대로 그렸지만 화가라는 말이 잘 안 어울릴 정도로 난 이외에 그림은 잘 그리지 못했던 것 같다. 한 마디로 그의 전공은 금석문과 더불어 글씨였다.

그런데 아이러니하게도 좋은 그림 하나로 문인화의 대가로 명성이 빛나고 있으니 어쩌면 행운이 아닐 수 없다. 좋은 그림을 많이 그린 화가들도 명성이 미미한 경우가 많은데 「세한도」라는 걸출한 그림이 불우했던 말년을 후대에 보상받는 것이라는 생각이 든다.

뿐만 아니라 현대에 이르러서 더욱 많은 시인이 그의 「세한도」에 매료되어 시를 썼으니 떠나간 지 160여 년이 흘렀지만 추사 김정희는 여전히 우리 곁에 있는 것이다.

당대에도 「세한도」는 이른바 '세한도 바람'을 일으켰다. 그의 절친한 친구 권돈인은 영의정에 이른 사람인데 추사의 「세한도」를 보고 창작 의욕을 느껴 「세한도」를 그렸다. 추사의 「세한도」처럼 겨울날의 정취를 통해 문인화의 높은 경지를 담아냈다. 그러나 추사의 「세한도」와는 분위기가 다르다. 추사는 거친 붓 터치를 구사했지만, 권돈인은 젖은 듯한 윤필을 강조하여 온후한 느낌을 준다. 권돈인의 후덕함이 엿보이는 이 작품에 훗날 추사는 화제를 써 주었다.

진도에 '운림산방'을 열어 미산, 남농에 이르는 남도 남종화의 물줄기를 튼 소치 허련은 추사의 가장 아끼는 제자로 그 역시 「세한도」를 그렸다. 소치는 이 그림에서 아예 "추사의 필의를 본받았다"라고 그림에 글씨를 써넣었다. 이후에도 소치는 이와 유사한 산수화를 많이 그렸다. 추사의 「세한도」는 그 연원이 문인화풍에서 나왔다 하더라도 하나의 새로운 장르를 제시한 셈이다. 그리하여 「세한도」의 명성은 오늘날까지도 이어지고 있는 것이다.

추사의 「세한도」가 문인화풍의 전통에서 나온 것에서 알 수 있는 것처럼 「세한도」는 그의 곧은 성격에서 나왔다. 그의 초상에서 느끼는 풍모는 온화하고 매우 점잖았지만, 성격은 늘 할 말을 우회적으로 하지 않고 말을 아끼는 쪽이 아니었다. 때로는 감정을 숨기지 않고 톡 쏘아붙이는 다혈질의 성격이었다. 그런 그가 9년여에 이르는 제주도 대정에서의 담장 밖으로도 나갈 수 없는 위리안치의 귀양 생활은 분통이 터지고 참기 힘든 일이었을 것이다. 그러나 그는 권력이나 재물 등 세상의 헛된 것을 좇는 사람이 아니었다. 대나무처럼 곧고 매실처럼 시디신 정신으로 자신의 정신세계를 가꾸어간 선비였다.

이러한 그가 귀양살이 할 때 그의 제자 이상적이 수많은 책을 연경(북경)에서 구해다 스승인 추사에게 보냈으니 추사는 이상적의 절의가 고맙고 예뻐 보였을 것이다. 그래서 추사는 사랑하는 제자에게 자신의 마음을 담아 그림을 그리고 발문을 써서 보냈다.

천만 리 먼 곳에서 책을 사서 권세가에 기증하지 않고 바다 바깥에 있는 자신에게 보내 주곤 했으니 "날이 차가워[歲寒] 다른 나무들이 시든 뒤에야 비로소 소나무[松柏]가 여전히 푸르다는 사실을 알게 된다"고 한 공자의 말을 빌어 스승과 제자의 관계가 옛날이나 지금이나 변함이 없음을 기특하고 고맙다고 발문을 붙였던 것이다.

스승으로부터 「세한도」를 받은 이상적은 너무나 기뻐 눈물을 흘렸다. 그리고 그 그림을 연경에 가서 표구하여 중국의 지기들에게 자랑하였다. 그러자 좌객들이 모두 격찬을 아끼지 않고 제(題)와 찬(贊), 그리고 시(詩)와 문(文)을 붙였다. 이것이 「세한도」에 붙어 있는 「청유십육가(淸儒十六家)의 제찬」인 것이다.

추사의 「세한도」는 실경산수가 아니다. 앞에서 밝힌 것처럼 제자 이상적에 대한 마음속의 이미지를 형상화 한 것이다. 이는 평소 그의 마음속 풍경이기도 하다. 세상 어디에 있는 실경이 아닌 것이

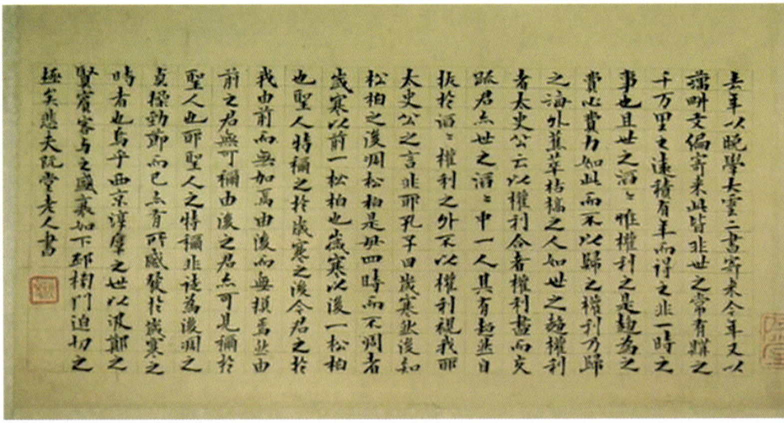

추사 김정희, 세한도 발문

다. 조선 사대부의 도를 좇은 추사의 성품과 인품이 투사되어 있으므로 「세한도」에 격조와 문기가 흐른다.

추사의 「세한도」는 워낙 잘 알려졌으므로 많은 사람에게 익숙한 그림이다. '세한(歲寒)'이란 '설 무렵의 추위'를 말한다. 즉 일 년 중 가장 추운 날씨이다. 이때가 되면 사람들은 폭설에 갇혀 간절하게 봄을 기다렸다. 나무들도 얼어붙은 몸으로 눈 속에서 바람을 맞으며 견디는 것이다. 나는 이럴 때 겨울이 깊어 영영 봄이 오지 않을지도 모른다는 생각이 들곤 했다. 그러나 봄이 오면 사람도 나무도 모두 다시 살아나는 것이다. 방물장수는 고개 너머 방구를 울리며 마을을 찾아오고 나무들은 생기 발양하게 신록의 생명력으로 푸르러지는 것이다.

추사의 「세한도」는 봄이 오기 전 가장 추운 날 푸르름을 형상화 시킨 그림이다. 이 그림에서의 푸르름이란 그의 그림이 관념을 이미지화 시켰듯이 정신적 푸르름을 말한다. 화면의 중심에 소박하

추사 김정희, 세한도

기 그지없는 창문이 있는 단출한 집 한 채 있고 좌우에 두 그루씩, 네 그루의 나무가 서 있다. 오른쪽 두 그루 중 하나는 나뭇가지가 오른쪽으로 뻗어있는 소나무이며 그 옆에 잣나무가 서 있다. 굳이 이것을 의미화 시키자면 소나무는 정치적으로 상처를 입은 노쇠한 추사를 나타내고 곧게 하늘로 뻗어 있는 잣나무는 제자인 이상적을 나타낸다고 생각해 볼 수 있다. 오른쪽으로 드리운 소나무 가지가 마치 팔처럼 보이는데, 그렇다면 남은 팔 하나는 어디에 있는가. 고문에 팔이 꺾여버린 추사의 모습에 비유할 수 있을 것 같다. 넘어질 듯 서있는 스승을 부축하고 있는 제자의 모습 같다면 너무 비약한 것이 될지 모르겠지만, 어쩐지 그런 생각이 든다. 그리고 집 왼쪽에 서있는 잣나무는 스승을 흠모하는 추사의 제자들로 느껴진다. 험한 뱃길을 세 번이나 적소를 찾아 몇 달씩 함께 해준 운림산방의 주인인 소치 허련쯤으로 생각해도 될 것이다.

물론 이 그림은 미학적 관점으로 읽을 수 있다. 그러나 앞에서 말했듯 이 그림은 실경산수가 아니다. 정치적으로 위기에 몰린 죄인을 외면하는 현실에서 그러한 눈치 보기를 초월해 의리를 지킨 제자 이상적의 용기와 지조를 그렸음을 발문을 통해 알 수 있기에 필자가 애써서 의미를 부여한 것처럼 사적(私的) 서사를 통해 읽을 수도 있다는 생각이다.

미학적으로 이 그림을 바라보아도 추사의 「세한도」는 추사 예술의 최고의 정점이며 우리나라 문인화의 최고봉이라 할 수 있다. 이 그림은 감정이 매우 절제되어있다. 흐르는 정도가 아닌 조금 마른 먹물을 묻혀 붓질한 까닭에 붓 터치가 거칠어 보인다. 갈필의 효과를 적절하게 거두고 있다. 다시 말해 이 그림은 주제가 선명하게 드러나 보인다. 특히 이 그림의 오른쪽 상단에 처진 반듯한 화제가 그림의 오른쪽 여백을 지탱하고 있어 그림의 균형을 이루고 있다. 또한 발문이 시작되는 그림의 중앙 부분에 붉은 인장이 찍힌 것이 방점을 찍은 듯 아름답다. 흔히 추사의 「세한도」를 그림 부분만 떼어내 감상하는데, 그러나 이 그림은 발문과 함께 어울려야 제맛이 난다. 예서의 기미가 남아 있는 반듯한 이 해서체는 울림이 강하면서도 엄정한 질서를 유지하고 있어 내용과 어울려 심금을 울리는 강도가 더욱 깊다고 하겠다.

우리가 흔히 추사체라고 하는 추사의 독특한 필법은 하루아침에 나온 것이 아니다. 조선 최고의 금석문 학자답게 옛 금석문을 연구하여 창안해 낸 것이기 때문이다. 더불어 강직한 그의 성품에서 나온 것이기에 추사체에는 김정희 삶의 서사가 오롯이 담겨있다. 젊은 시절의 글씨에는 패기가 있으면서도 조금 오만한 듯한 느낌이 묻어나고, 연륜이 들어갈수록 겸손해지며 진중해지는 것을 알 수 있다. 그렇기 때문에 귀양 시절 그린 추사의 「세한도」는 그림만 보는 것이 아니라 왼쪽의 발문과 함께 읽어야 하는 것이다.

그런데 많은 시인이 추사의 「세한도」를 제대로 읽어내고 창작하였는지 의구심이 든다. 단순히 추사의 험난한 삶의 서사를 처연하게 생각하고 시를 쓴 경우가 흔하다는 생각이 든다. 누군가 「세한도」를 시로 쓰니 너도나도 「세한도」를 경쟁적으로 쓴 시절이 있었다. 참으로 많은 절창의 「세한도」가 쏟아져 나왔다. 이근배 시인이 60여 편의 「세한도」를 한 권의 책으로 묶기도 했다.

우선 빼어난 「세한도」 중에서 도종환 · 박현수의 「세한도」를 읽는다.

소한이 가까워지자 눈이 내리고 날이 추워져
그대 말대로 소나무 잣나무의 푸르름은 더욱 빛난다
나도 그대처럼 꺾인 나무보다 꼿꼿한
어린 나무에 더 유정한 마음을 품어
가지를 매만지며 눈을 털어낸다
이미 많은 새들이 따뜻한 곳을 찾아 떠난 지 오래인데
잔가지로 성글게 엮은 집에서 내려오는 텃새들은
눈 속에서 어떻게 찬 밤을 지샜을까
떠나지 못한 새들의 울음소리에 깨어
어깨를 털고 서 있는 버즘나무 백양나무
열매를 많이 달고 서 있던 까닭에
허리에 무수리 돌을 맞은 상수리나무 갈참나무
소나무 잣나무에 가려 똑같이 푸른 빛을 잃지 않았어도
눈여겨 보아주지 않는 측백나무
폭설에 덮인 한겨울을 견디는 모든 것들은
견디며 깨어 있는 것만으로도 눈물겹게 아름답다
발 아래 밟히며 부서지는 눈과 얼음처럼

그동안 우리가 쌓은 것들이 무너지고 부서지는 소리
대륙을 건너와 눈을 몰아다 뿌리는
냉혹한 비음의 바람소리
언제쯤 그칠 것인지 아직은 예측할 수 없다
그러나 기나긴 유배에서 풀려나 돌아가던 길
그대 오만한 손으로 떼어냈던
편액의 글씨를 끄덕이며 다시 걸었듯
나도 이 버림받은 세월이 끝나게 되면
내 손으로 떼어냈던 것들을 다시 걸리라
한계단 내려서서 조금 더 낮은 목소리로
그대 이름을 불러보리라
이 싸늘한 세월 천지를 덮은 눈 속에서
녹다가 얼어붙어 빙판이 되어버린 숲길에서

-도종환「세한도」전문

승승장구 병조참의까지 오른 추사의 인생이 꼬이기 시작한 것은 암행어사로 충청도 비인에 내려가 현감 김우명의 비리를 발견하여 그를 봉고파직한데서 시작되었다. 김우명은 안동김씨로 이후 안동김씨가 권력을 휘두를 때 추사의 아버지 김노경과 추사를 모함하여 귀양 가게 된다.「세한도」는 귀양 시절, 제주도 대정현 적소에서 그린 것이다.

도종환(1954~)의「세한도」는 추사가 가장 외롭고 쓸쓸할 때인 귀양살이 시절의 심경을 자신의 지난한 삶에 대입하여 빚어낸 작품이다. 특히 따뜻한 것만은 바라보는 사람들의 속성을 질타하며 한때 오만했던 자신의 모습을 성찰하기도 한다.

화자는 일 년 중 가장 추울 때 "소나무 잣나무의 푸르름은 더욱 빛난다"고 말한다. 추운 날 대부분의 나무가 생장을 멈출 때 눈 속에서도 꿋꿋하고 푸르기 때문이다. "나도 그때처럼 꺾인 나무보다 꿋꿋한/어린나무의 더 유정한 마음을 품"은 추사의 마음에서 생명에 대한 연민을 느끼게 한다. 추사의 이러한 마음은 "잔가지로 성글게 엮은 집에서 내려오는 텃새들은/눈 속에서 어떻게 찬 밤을 지샜을까"에서 보다 뜨겁게 다가온다. 폭설에 눈을 뒤집어쓴 버즘나무, 백양나무, 소나무, 잣나무, 측백나무 등 겨울을 견디고 있는 것들의 그 모습만으로도 아름답다고 인식하는 까닭은 그 신산한 시간 뒤에 생명이 발양하는 봄을 맞이할 수 있기 때문이다. 특히 "눈여겨 보아주지 않는 측백나무"에 눈길이 더욱 가는 것은 "푸른빛을 잃지 않았어도" "소나무 잣나무에 가려"있기 때문이다. 이렇듯 도종환의 「세한도」에서 화자가 푸르름을 잃지 않고 있는 나무들에 대해 연민과 따스함으로 바라보는 것은 단순히 나무들에 대한 생각만을 드러낸 것이 아니다. 어렵지만 비굴하지 않게 잘 견디는 존재들의 꿋꿋함을 격려하는 의미가 깃들어 있다. 그러므로 "견디며 깨어있는 것만으로도 눈물겹게 무너지고 부서지는 소리"를 듣기도 한다. "우리가 쌓은 것들"은 욕망의 결과여서 한갓 헛된 것이다. 그래서 화자는 폭설에 "발아래 밟히며 부서지는 눈과 얼음"을 보며 인간이 쌓은 것은 부질없는 것이라는 생각을 하는 것이다. 그러면서 화자는 아직 끝나지 않은 폭설 같은 자신의 시련이 "언제쯤 그칠 것인지 아직은 예측할 수 없다"고 한다. 추사의 귀양 시절과 오늘 자신의 삶을 화자는 같은 처지로 인식하는 것이다.

이때 생각나는 것이 추사의 삶이다. 즉 추사가 "기나긴 유배에서 풀려나 돌아가던 길/그때 오만한 손으로 떼어냈던/편액의 글씨를 끄덕이며 다시 걸었듯/나도 이 버림받은 세월이 끝나게 되면/

내 손으로 떼어냈던 것들을 다시 걸리라"며 오만하고 불손했던 지난날들을 반성하는 것이다.

추사가 귀양길에 나섰다가 해남 대둔사에서 동갑내기 친구 초의 선사를 만났다. 추사가 글씨가 마음에 안 들어 대웅전에 걸려있는 이광사의 글씨인 대웅보전 현판을 떼어 내게 했다. 그러다가 해배가 되어 돌아가는 길에 다시 이광사의 현판을 걸게 하였다. 이광사는 조선 최고의 서예가였지만 어찌 된 일인지 추사의 눈 밖에 났던 것이다. 그런데 귀양을 마치고 돌아가는 길에 다시 이광사의 글씨를 보니 자신의 오만함을 깨닫게 된 것이다. 화자도 추사처럼 살았던 오만함을 반성하며 "내 손으로 떼어냈던 것들을 다시 걸리라" 다짐하는 것이다.

도종환 시인은 추사의 삶의 서사와 「세한도」의 이미지를 시 속에 자신의 삶과 대비시켜 새로운 삶으로 거듭나고자 하는 의지를 보여준다.

추사의 「세한도」에 깃든 이상적과 추사의 아름다운 절의를 "소나무, 잣나무"로 형상화 시키고, 오만했지만 다시 반성하는 모습에서 도종환 시인은 "한 단계 내려서서 조금 더 낮은 목소리로/그대 이름을 불러 보리라"한다.

좋은 그림은 많은 사람에게 감동을 준다. 그 감동은 자신을 바라보게 하고 삶의 자세를 다시금 고치게 한다. 바로 이 대목에서 시적 발화가 있었을 것이다. 「세한도」를 쓴 여러 시인들의 시가 이를 잘 말해준다. 박현수(1966~)의 시 「세한도」도 자신의 삶을 들여다보며 성찰하는 태도를 보여준다.

1

어제는
나보다 더 보폭이 넓은 영혼을
따라다니다 꿈을 깼다
영원히 좁혀지지 않는 그 거리를
나는 눈물로 따라갔지만
어느새 홀로 빈 들에 서고 말았다
어혈(瘀血)의 생각이 저리도
맑게 틔어오던 새벽에
헝크러진 삶을 쓸어올리며
첫닭처럼 잠을 깼다

누군 핏속에서
푸르른 혈죽(血竹)을 피웠다는데
나는
내 핏속에서 무엇을 피워낼 수 있을까

2
바람이 분다
가난할수록 더 흔들리는 집들
어디로 흐르는 강이길래
뼛속을 타며
삼백 예순의 마디마디를 이렇듯 저미는가
내게 어디
학적(鶴笛)으로 쓸 반듯한
뼈 하나라도 있던가
끝도 없이 무너져
내리는 모래더미 같은 나는
스무해 얕은 물가에서

빛 좋은 웃음 한 줌 건져내지 못하고
그 어디
빈 하늘만 서성대고 다니다
어느새
고적한 세한도의 구도 위에 서다

이제
내게 남은 일이란
시누대처럼
야위어가는 것
-박현수「세한도」전문

박현수의「세한도」는 추운 날 푸르게 서있는 소나무와 잣나무의 기상과 변하지 않는 절개가 시의 구도이며 색채 미학이다. 화자는 이 '세한도'라는 은유 속에 내재된 정신을 중심으로 자신의 삶을 되비춘다.

서두부터 "어제는/나보다 더 보폭이 넓은 영혼을/따라 다니다 꿈을 깼다"고 말하는 것은 화자가 의연한 정신으로 고단한 현실을 이겨 내려는 의지를 보여주는 추사의 정신을 닮고 싶어 하기 때문이다. 그러나 화자는 "영원히 좁혀지지 않는 그 거리를" "눈물로 따라갔지만 어느새 홀로 빈 들에 서고 말았다"며 추사의 정신을 온전하게 따라갈 수 없음을 고백한다. 그러면서도 화자가 "맑게 틔어오던 새벽에/헝클어진 삶을 쓸어 올리며" "첫닭처럼 잠을"깨는 것은 화자의 정신이 추사의 정신을 지향하는 까닭이다.

이때 화자가 떠올리는 또 하나의 정신은 을사늑약이 체결되자 목숨을 버린 민영환의 정신이다. 민영환의 피가 묻은 방에서 나라를 위한 곧은 마음을 보여주는 대나무가 솟아났다는 '혈죽의 고사' 처럼 화자의 피가 "무엇을 피워낼 수 있을까"를 생각한다. 화자는 "바람 불고" "가난"할수록 "흔들리"며 "어디"론가로 흐르는 것이 삶이라는 생각도 해보지만 "삼백 예순의 마디마디"가 저미는 아픔으로 세상을 살아가는 것에 대해 힘들어한다. 그러면서도 화자는 "보폭이 넓은 영혼"처럼 살지 못했던 자신을 바라본다. 그러한 삶을 "학적(鶴笛)으로 쓸 반듯한/뼈 하나라도" 없었으며 "끝도 없이 무너져/스무 해 얕은 물가에서/빛 좋은 웃음 한 줌 건져내지 못하고" "빈 하늘만 서성대고 다"녔기 때문이다. 이 작품에서 "빈 들"과 "빈 하늘"은 「세한도」의 구도가 아니다. 즉 화자가 닮고자 하는 추사와 같은 삶을 살지 못한다는 뜻이기도 하다. 그런데 화자는 "어느새/고적한 세한도의 구도 위에 서다"고 노래한다. 「세한도」의 정신을 따르겠다는 다짐인 것이다. 그래서 마침내 화자는 "이제/내게 남은 일이란/시누대처럼/야위어 가는 것"이라는 결론에 이르게 된다. 주지하다시피 "시누대"는 열악한 환경에서도 잘 견디며 특히 겨울에도 변함없이 제 주장을 가지고 푸르고 반듯한 것의 기표이다.

도종환 시인의 작품은 추사와 그의 제자 이상적의 우정어린 서사가 시적 발화지점이고 그 배경이 되었다. 이에 반해 박현수 시인의 시는 추사의 삶만을 시적 배경으로 삼았다. 그러나 이들 시인 모두의 작품은 통찰과 성찰의 모습을 보여주고 있다는 데 공통점이 있다. 「세한도」를 쓴 시인들의 작품 대부분이 추사의 「세한도」에서 자신들의 삶을 뒤돌아보며 어떻게 살아야 할지를 스스로에게 묻고 있다.

그림 한 점이 많은 사람을 여전히 감동시키고 있는 것이다.

이중섭의 그림과 구상·김광림·이수익의 시

화가 이중섭(1916~1956)이 없었다면 그가 살았던 당대의 우리 미술사는 참으로 쓸쓸했을 것이다. 이중섭은 1945년 해방부터 6 · 25가 터진 때까지 북한에서의 6년과 남한으로 피난 와 활동한 1956년까지의 6년, 즉 12년간의 짧은 활동을 통해 한국미술사에 뚜렷한 흔적을 남겼다.

40세라는 짧은 일생을 살다 간 이중섭은 놀라울 만한 예술세계뿐만 아니라 그의 생애 또한 결코 간단하지 않은 참담하고 비극적인 삶을 살았다.

그의 삶을 들여다볼 때마다 안타깝고 가슴이 저렸다. 그가 이 세상을 떠난 지 70여 년이 다 되어가지만, 예술에 대한 순정함과 더불어 가족에 대한 한없는 사랑과 그리움이 가슴을 터지게 한다. 어쩌면 다시는 이중섭처럼 해맑은 예술혼과 열정, 그리고 그가 사랑한 사람들에 대한 뜨거운 사랑을 지닌 사람을 만나지 못할지도 모른다.

이중섭은 평안남도 평원군 조운면 송천리에서 이희주의 막내아들로 1916년 4월 10일 태어났다. 그의 아버지는 이중섭이 태어나기 몇 달 전 30세라는 짧은 나이에 세상을 뜨고 말았으니 이중섭은 유복자로 불행을 안고 태어났다.

이중섭은 평양에 있는 종로공립보통학교를 졸업하였다. 보통학교로 3, 4학년 때까지 어머니 젖을 먹었으니 오랫동안 애늙은이 노릇을 한 셈이다. 그런데 놀라운 것은 그는 죽는 날까지 오줌을 못 가려 이불에 방뇨했다는 것이다. 어쩌면 이중섭은 평생 어린아이와 같은 정신세계를 살았는지 모른다.

보통학교 시절 4학년 때부터 교과서 표지는 물론 집기장 구석구석에 그림을 그렸다. 진흙밭에 가서 흙을 파가지고 와 흙을 다져 사람의 얼굴을 만들었다. 그리고 날마다 그림으로 살고 그림으로 말하는 시간이 많았는데 덕분에 공부는 잘하는 편이 못 되어 1931년 오산중학교에 입학할 수밖에 없었다.

오산중학교에 진학한 것은 그림에 몰두해 있던 이중섭에게 행운이었다. 미국 예일대학을 졸업한 임용련 부부가 오산중학교 미술교사로 부임해 있었기 때문이다. 임용련에게 이중섭은 후기인상파와 야수파를 배우고 에스키스 훈련을 받았다. 끊임없는 연습만이 미술의 기초가 될 수 있음을 배웠던 것이다.

1934년 정월, 이중섭의 본가는 원산으로 이사했다. 원산은 그에게 새로운 땅이며 의식의 고향이 되어주었다. 그리고 비극이 싹튼 고처이며 죽는 날까지 그리움으로 바라보았던 제2의 고향이 되었다.

오산중학교를 졸업하고 1937년 이중섭은 관부연락선을 타고 현해탄을 건넌다. 간다구[神田區]에 있는 미술연구소에 다니다가, 이듬해 동경제국미술학교에 입학했다. 그러다가 1년 후에 동경문화학원으로 전학한다. 이곳에서 이중섭은 단연 화제의 대상이 되었다. 그의 독특한 그림은 교수와 학생 사이에서 엄청난 마력으로 논란의 중심이 되었다. "동방의 루오" 또는 "루오처럼 시커멓게 칠하는 학생이 나타났다"라는 말들이 경이감을 가지고 퍼져나갔다. 이중섭은 동경의 미술 지식을 전혀 배제하고 한층 더 '조선냄새' '된장국냄새'가 물씬 나는 그림을 그렸다. 이전의 그림에 비해 소를 그리면 소의 골체만을 그리고, 사람도 해골과 골격만을 그렸다.

이 무렵 이중섭은 은박지에 새까맣게 먹칠하고 날카로운 하얀 선을 자유분방하게 그의 깊은 골짜기에 어머니가 서 있는 그림을 그렸다. 때로는 은박지를 손으로 비벼서 신비스러운 그림을 만들곤 했다. 이중섭의 은박지 그림은 피난 생활의 가난 때문에 생긴 것이 아니라 이미 오산중학교 시절 싹텄다가 동경 유학 시절 독창적인 실험의 결과로 탄생한 것이다. 그런 까닭에 그의 작품에서는 오산중학교에서 임용련으로 부터 훈련받은 야수파 느낌이 물씬하다. 그리고 표현주의를 시종 견지한다.

동경문화학원 시절, 이중섭은 야마모토 마사코[山本方子]라는 여학생을 만난다. 그녀는 일본 제1의 재벌인 미츠이[三井]재단의 한 회사인 이츠이 그룹의 일본창고주식회사 취체역 사장의 딸이었다. 이 여학생은 훗날 이중섭이 이남덕(李南德)이라는 한국 이름을 지어준 그의 아내이다. 한국 남자를 사랑하는 일은 당시 일본의 상류사회에서는 모험이었다.

1943년 마사코와 결혼할 생각으로 귀국한다. 원산에 돌아와 장촌동 집에 화실을 꾸미고 그림에 열중했다. 1945년 해방되기 직전, 동경에 B-29 폭격기가 나타날 무렵 마사코도 목숨을 걸고 사랑을 찾아 현해탄을 건너온다. 프랑스 유학을 꿈꿨던 마사코의 사랑은 차라리 구도적이라고 말할 정도로 뜨거운 것이었다. 이중섭은 사랑하는 여자의 이름을 한국식으로 남덕(南德)이라고 붙여준다. 이때 이남덕의 뱃속에는 이중섭의 아이가 자라고 있었다. 이중섭과 이남덕은 원산에 신혼의 둥지를 틀었다. 어쩌면 이 시기가 두 사람에게 있어서는 가장 행복한 시절이었는지 모른다.

1945년 8월 15일, 어느 시인의 말 같이 해방은 도둑처럼 왔다. 10월에 서울에서 해방기념 미술전람회가 개막되었다. 이중섭은 작품을 출품하려고 서울에 갔으나 마감일이 지나 전람회가 열리고 있었다. 거기에서 김환기 · 유영국을 만난다. 그는 서울 시내 도처에서 고미술품, 골동품을 미군 장교들이 엿값으로 수집해 가는 것을 보고 경악했다. 이때 근세의 그릇에 그려진 천도와 동자상을 보고 감동했다.

1946년 북한에서는 공산주의 체제가 김일성 체제로 굳어져가고 있었다. 원산에서 백두백화점을 운영하고 있던 12년 연상의 형 이중석은 부르주아계급으로 재단되었다가 악질적인 지주계급, 친일파로 규탄받아서 원산 내무서에 수감되었다가 처형되고 만다.

이중섭은 원산여자사범학교의 미술 교사로 출근하였다. 그러나 사흘 만에 그만두고 원산 광석동 산마루에 있는 고아원 교사가 되었다. 그곳에서 아이들을 가르치며 고미술품에 그려진 동자상을 구체화시키기에 이른다. 즉 불우한 동자들을 미술의 주제로 삼아 신선으로 형상화시킨다.

이 무렵 장남이 태어났다. 그러나 이중섭이 서울에서 열리는 해방기념 미술전람회에 참석하러 간 사이에 아이가 디프테리아에 걸려 사망하고 만다. 이중섭과 이남덕의 충격은 말할 수 없이 컸다. 이남덕은 죽은 아들을 그림으로 그렸다.

해방 이듬해에 이중섭은 원산 지역 문인들의 동인지 《응향》에

표지 그림을 그렸는데 시인 구상의 작품이 문제가 되고, 이중섭이 그린 그림은 '퇴폐적, 부르주아'로 낙인 찍혔다. 이 와중에 구상은 월남하게 되고 이중섭은 요시찰 인물이 되어버렸다.

이중섭은 자연이나 사물의 형상을 그린 것이 아니라 그의 순정이 사상성(捨象性)으로 가득 차 있는 눈이 바라본 것을 단순하게 그리고 있었다. 즉 현실의식은 해체되고 그의 눈을 통해 순간적인 직관이 얻어낸 비밀이 사물에 대치된 것이다. 그래서 그는 하루 종일 송도원 들판의 소를 바라보고 닭을 키우면서 닭을 관찰해 소와 투계를 그려냈다.

1950년 6월, 전쟁이 터지고 북진했던 연합군이 원산에서 퇴각할 때 이중섭은 큰아들을 잃은 후 태어난 아들 태현, 태성과 아내 이남덕 그리고 형 이중석의 아들인 조카 이영진을 데리고 LST를 타고 부산으로 피난한다. 원산에 칠순을 넘긴 어머니와 형수를 남겨둔 채 다시는 되돌아갈 수 없는 피난길이었다. 이때가 1950년 12월 6일 밤 9시였다. 부산에 기항한 것은 12월 9일이었다.

6·25 전쟁을 체험한 예술가들이 왜 그토록 '목숨'을 절규했는지를 알 수 있는 참담하고 처참한 전쟁 속에 이중섭은 '예술이란 무엇인가? 정치 또는 전쟁, 그리고 역사 따위의 비인간적인 폭력에 대해서 예술은 무엇을 맡고 있는가?'라는 소박한 예술회의론에 머리를 들었다. 피카소가 왜 '게르니카'라는 그림을 그렸는가를 절실하게 생각하는 시간이었다. 그래서 동해바다에서 새벽녘 떠오르는 주황색 먼동을 바라보며 그것이 생명과 희망의 색채임을 인식하기도 하였다.

피난지 부산에서의 생활은 1950년 12월부터 1951년 4월까지였다. 그곳에서 수많은 시인과 화가 그리고 소설가들을 만났다. 그러다가 1951년 4월 말, 제주도 서귀포에 둥지를 튼다. 그리고 그해 12월까지 8개월을 살면서 밭에 버려진 야채를 줍고 양파를 걷어들이는 일을 하고 바닷가에서 게를 잡는다.

1951년 12월, 이중섭은 다시 부산으로 떠난다. 부두에서 오일드럼을 굴려서 화차에 싣는 작업을 하고 낡은 선박에 페인트칠하거나 콜타르를 칠하는 중노동의 날품팔이를 한다. 그리고 저녁에는 광복동에 나가 예술가들을 만나 술을 마셨다. 이때 이중섭은 그토록 보고 싶었던 구상을 만난다.

구상은 부산으로 피난 와 있던 경향신문에 이중섭이 삽화를 그릴 수 있도록 한다. 그런데 이중섭은 자신이 하이야 타고 가는 여자, 레스토랑에서 밥 먹는 애인들을 본 적이 없어 그림을 그릴 수 없다고 거절한다. 구상은 이러한 이중섭의 태도에 벼락 맞은 듯한 공감을 하며 수긍한다.

날마다 부두 노동이나 운수회사의 인부 노릇을 하던 이중섭은 가족을 위해 헌신했다. 그의 아내 마사코도 이중섭을 끔찍이 사랑했다. 그러나 이남덕은 일본으로 떠나고자 했다. 피난살이가 더 나아질 가망이 전혀 보이지 않기 때문이다. 이중섭과의 뜨거운 사랑 때문에 한국에 와서 갖은 고생을 다 하며 살았던 8년의 결혼생활을 실질적으로 마감했다. 다음 해 이중섭이 일본에 밀항해 가족을 만났지만 돈 많이 벌어 아이들 자전거를 사주겠다는 말을 남기고 되돌아오지만 끝내 그 약속을 지키지 못한다.

이중섭의 가족에 대한 그리움은 병이 되고 만다. 그림이 팔리면 그 돈으로 그의 주변에 머물던 예술가들과 술을 마시며 탕진했다. 그를 아끼는 친구들이 이중섭에게 절제 있는 삶을 주문하지만, 가족을 그리워하며 점점 죽음의 길로 빠져든다. 걷잡을 수 없는 방황과 한곳에 머물지 못하는 방랑의 기벽은 부산, 통영, 진주, 서울, 칠곡, 대구 그리고 다시 서울로 거처를 옮겨 다니며 천천히 미쳐간다.

1955년 1월, 미도파화랑에서 생애 처음으로 제대로 된 개인전을 연다. 작품전은 크게 성공했으나 그리운 가족을 만나러 일본으로 가지 못한다. 그림값으로 받은 돈을 모두 술로 소비해버렸기 때문이다. 그의 주변에는 언제나 사람들이 들끓었다. 이들을 쉽게 뿌리치지 못한 이중섭은 끝내 천진무구한 소년, 예술가였다. 재물에 대한 아무런 욕망이 없는 그는 무욕의 삶으로 인해 예술을 이루기도 하지만, 그러나 이 무욕 때문에 파멸에 이른다.

이중섭에게서 원형(圓形) 콤플렉스가 나타나기 시작했다. 둥근 것을 보면 무조건 도망쳤다. 어머니에 대한 그리움, 아내의 얼굴에 대한 간절한 기억이 원형으로 표상됨으로써 그의 미의식이 보편성을 얻었다. 그래서 술에 취하면 여자의 호수 같은 눈에 빠져 죽고 싶다고 했다. 원형에 의해 구원받고 싶었던 것이다.

언젠가 이중섭은 마릴린 먼로 주연 영화 〈돌아오지 않는 강〉을 보고 나서 "돌아오지 않는 강"을 자꾸 중얼거리다가 「돌아오지 않는 강」이라는 그림을 그렸다. 아내에 대한 그리움이 이제는 영영 보지 못할 것이라는 절망으로 변해가는 과정이었다. 또한 얼마 남지 않은 자신의 미래를 암시하고 있었다. 이때 정신분열증과 함께 만성간염이 그의 몸과 정신을 급속하게 잠식시키고 있었다.

1956년 7월, 이중섭은 이미 거의 죽음 직전에 이르렀다. 9월에는 수혈조차 거부했다. 마침내 1956년 9월 6일 오전 11시 45분 간장염으로 40세의 짧은 생을 마감했지만 18만 원의 병원 부채와 함께 아무도 그의 죽음을 알지 못했다. 쓸쓸한 그의 죽음이 세상에 알려진 것은 그가 죽은 지 사흘 후였다. 9월 9일 영결식을 마친 그의 시신은 홍제동 화장장에서 전기장치로 타버리고 망우리 공동묘지에 묻혔다.

이로써 우리 예술사상 가장 천진난만하고 무용했던 백치, 그러나 위대한 예술가 한 사람이 세상을 떠난 것이다.

이중섭과 관련하여 시작품을 쓴 시인으로는 김종삼 · 김광림 · 구상 · 이요섭 · 김춘수 등 이중섭과 교유했던 시인들과 이후 세대인 장석주 · 김승희 · 이수익 · 김정숙 · 최승호 · 허영자 · 김영태 · 신달자 등이 있다. 대부분 이중섭의 삶과 작품을 함께 바라보며 시를 썼지만, 이중섭과 직접 만나지 못한 세대 중에는 이중섭의 작품을 자신의 삶과 견주어 쓴 경우도 있다.

이중섭과 친했던 시인으로는 구상과 김광림을 들 수 있다. 이들은 모두 원산 출신으로 동향이라는 공통점이 더욱 끈끈한 우정을 나눈 사람들이다. 특히 구상은 해방 이후 원산에서 같이 활동해 온 터여서 서로를 생각하는 마음이 남달리 두터웠다. 그래서 구상은 이중섭이 죽은 뒤 10여 년쯤 지난날 그와의 추억을 떠올린다.

> 鄕友 李仲燮이 이승을 달랑달랑 다할 무렵이었다.
>
> 나는 그때도 검은 장밋빛 피를 몇 양푼이나 토하고 屍身처럼 가만히 누워 지내야만 했다.
>
> 하루는 그가 불쑥 나타나서 애들 도화지 한 장을 내밀었다.
>
> 거기에는 애호박만큼 큰 복숭아 한 개가 그려져 있고 그 한가운데 씨 대신 죄그만 머슴애가 기차를 향해 만세!를 부르는 그런 시늉을 하고 있었다.

이중섭, 구상네 가족, 1955년

나는 그것을 받으며
"이건 또 자네의 바보짓인가? 도깨비 놀음인가?" 하고 픽 웃었더니 그도 따라서 웃으며

"복숭아, 天桃 복숭아
님자 常이, 우리 具常이
이걸 먹고 요걸 먹고
어이 빨리 나으란 그 말씀이지"

흥얼거리더니 획 돌쳐서 나갔다.

그는 저렇듯 가고 10년 후, 나는 이번엔 폐를 꺼내 그 空洞을 쪼개 씻어 도로 꿰매 넣고 갈비뼈를 여섯 개나 자르고 누웠다.

마침 제철이라 날라다 주는 食床에는 복숭아가 자주 오르는데 이것을 집어들 때마다 나는 仲燮의 天桃 생각이 나며

"복숭아, 天桃 복숭아

님자 常이, 우리 具常이
이걸 먹고 요걸 먹고
어이 빨리 나으란 그 말씀이지"
그의 그 말씀을 가만히 되뇌이기도 하고 되씹기도 한다.
그런데 차차 그 가락은 무슨 영절스러운 祝文으로 변해 가더니 어느덧 나에게 그 어떤 敬虔과 기쁨마저 주기에 이르렀다.
그리고 또한 내가 胎中에서부터 熟親한 또다른 한 분의 음성과 한데 어울려 오는 것이다.
"이것은 내 몸이니 받아서 먹으라.
이것은 내 피니 받아서 마시라.
나를 기억하기 위해
이 禮를 행하라."

-구상, 「秘義」 전문

이 시는 이중섭이 세상을 떠난 10여 년쯤 후에 구상이 그와의 추억을 회상하며 쓴 작품이다. 그러니까 1956년도 어느 날이 이 작품의 배경이다. 이중섭이 정신분열증과 간염으로 점점 죽어가고 있을 때 친구들은 모두 구상을 병문안 다녀갔지만 가장 친한 친구 이중섭만은 나타나지 않았다. 구상이 마음속으로 서운해할 때 "하루는 그가 불쑥 나타나서 애들 도화지 한 장을 내밀었다/거기에는 애호박만큼 큰 복숭아 한 개가 그려져 있고 그 한가운데 씨 대신 죄그만 머슴애가 기차를 향해 만세!를 부르는 그런 시늉을 하고 있었다." 이중섭은 구상에게 천도복숭아를 먹고 빨리 병에서 일어나라고 하였다. 그런 일이 있은 지 10여 년쯤 후에 구상이 다시 몸이 아파 병원에 누워있다가 병문안 다녀간 사람들이 놓고 간 복숭아를 바라보며 이중섭이 생전에 구상에게 준 복숭아를 떠올린다.

"복숭아, 天桃 복숭아/님자 常이, 우리 具常이/이걸 먹고 요걸 먹고/어이 빨리 나으란 그 말씀이지" 그의 말씀을 가만히 되뇌이기도하고 되씹기도 한다. 그런데 이중섭이 복숭아 그림을 병든 구상에게 주면서 한 말이 "무슨 영절스러운 祝文으로 변해 가더니 어느덧" "그 어떤 敬虔과 기쁨마저 주기에 이르렀다." 사실 이중섭이 그린 복숭아는 아무리 잘 그렸어도 먹을 수가 없다. 그런데 오래전에 이중섭이 준 복숭아 그림과 함께 이중섭의 말이 떠올랐다. 그리고 그 말은 축문이 되고 경건함과 기쁨을 주기에 이르는 효과를 갖게 된다. 너무나 가난하여 병으로 누운 지기에게 줄 것이 없었던 이중섭의 마음을 그가 죽은 후에 떠올리는 구상은 친구의 병이 진심으로 낫기를 바라는 이중섭의 진정성을 느끼게 된 것이다. 그런데 구상에게 건넨 이중섭의 말은 예수님의 말씀과 함께 어울려 "이것은 내 몸이니 받아서 먹으라./이것은 내 피니 받아서 마시라./나를 기억하기 위해/이 禮를 행하라."라고 구상에게 복음처럼 들려오기에 이른다. 즉 한없이 맑고 여린 아이처럼 순수한 이중섭의 마음이 신의 마음처럼 거룩하고 신령스럽게 들린 것은 이중섭의 행동이 한 치의 꾸밈도 없이 오직 절친한 친구가 병석에서 일어나기를 기원했기 때문이다. 신처럼 또는 종교처럼 거룩해 보이는 이중섭의 진정성은 10년이 지난 후에 구상의 마음을 또다시 울리기에 충분한 것이었다.

이중섭은 도교에 심취하기도 했으나 기성 종교에 마음을 준 적이 없다. 그러나 구상의 깔끔하고 기품있는 삶을 보며 어떤 생각이 들었던 것일까. 이중섭은 죽기 전에 구상에게 편지를 썼다. 구상이 이중섭에게 가톨릭에 귀의하라고 말하곤 했는데 가톨릭에 귀의하겠으니 성경을 준비해 주고, 지도해 달라고, 그래서 매일 성경을 읽고 필사하겠다는 내용이었다.

구상은 아마 생전의 이중섭이 보내온 편지를 떠올리며 시를 썼는지도 모른다.

위의 작품 「秘義」는 이중섭과 구상의 우정이 깊게 느껴지는 작품이라고 할 수 있다.

이중섭과 구상의 우정은 마치 고흐와 그의 아우 데오를 연상시킨다. 고흐가 아우 데오에게 늘 도움을 얻었듯이 이중섭과 구상의 관계도 구상의 일방적인 보살핌을 받는 관계였다. 예술에 대해 자신감이 넘쳐 늘 도도했던 이중섭이지만 구상에게 있어서만은 언제나 고분고분했다.

이들의 우정은 세상 사람들이 쉽게 이해하기 어려울 정도로 파격적인 일화도 전한다. 즉 이중섭의 첫 아들이 디프테리아로 죽었을 때 구상이 이중섭을 위로하기 위해 함께 술을 마셨다. 그런데 이중섭이 그의 아내 이남덕에게 옷을 홀랑 벗게 하고 좌우에 이중섭과 구상이 함께 잠을 잤다. 그런데 한밤중에 이중섭이 일어나 천도복숭아와 아이들 그림을 그리고 있었다. 죽은 아이가 먼 길을 떠날 때 외로울까 봐 다음 날 그 그림과 불상, 동자상이 있는 도자기를 작은 관에 넣어 아이 시체와 함께 공동묘지에 파묻었다.

천도복숭아는 이중섭의 그림 속에 자주 등장하는 상징성을 지닌 사물이다. 특히 아이들과 어울려 그의 그림 속에서 신선 세계의 기표로 등장한다.

이중섭의 고향 후배쯤 되는 시인 김광림의 시작품에 그의 천도복숭아와 아이들, 그리고 서귀포 시절 이중섭이 배고파 잡았던 게가 등장한다.

이중섭, 복숭아밭, 1953~1954년

八朔童이 첫아들이 죽었을 때
그는 곤드레만드레가 되어
죽은 애 또래의 살아 있는 애들을
그리고 있었다

저승동무 길동무로

天桃 따는 애며
맨손으로 물고기를 잡는 애들이랑
鶴 타고 날아다니는 애도

상기도 애비 목 틀어잡는 녀석이며
여직 에미 젖가슴 뒤지는 녀석이며
오오라 개한테 물린 고추녀석이
제일 늦구나
개구쟁이 코흘리게 오줌싸개 울보랑
모두 모두 모이자
그는 잠자코 붓을 놓았다
그리고 죽은 애 목덜미에
그림을 걸어주었다

십자가보다 더 빛부신 童心을

-김광림,「李仲燮 생각 3」 전문

이중섭과 동향의 13년 후배인 김광림은 이중섭과 절친했다. 1947년 이중섭의 원산 시절에 알게 된 이들은 전쟁 중에 월남하여 끈끈한 우정을 지속한다. 김광림이 군 장교로 복무할 때 외출할 때마다 은박지를 수집하여 이중섭에게 조력하곤 했는데 오늘날 우리가 만나는 이중섭의 많은 은박지 그림은 김광림의 덕분이라고 할 수 있다. 뿐만 아니라 이중섭이 피난지 대구에서 자기혐오에 빠져 자신의 그림을 불살라 달라고 부탁했을 때 잘 보관했기 때문에 그림의 유실을 막을 수 있었다. 이렇듯 막역한 두 사람의 우정이 있었기 때문에 김광림은 이중섭을 그리워하고 그의 삶을 들여다보는 많은 작품을 남겼다.

위의 작품도 구상의 작품처럼 이중섭 삶의 가장 아픈 부분을 시로 형상화했다. 아마 이 작품의 배경이 되는 이중섭의 첫아들이 죽은 사건이 있고 난 뒤에 이중섭과 김광림이 만났기 때문에 김광림이 직접 목도한 사건이 아닐 것이다. 그러나 이중섭의 아픔을 가슴 저리게 노래하고 있다.

"八朔童이 첫아들이 죽었을 때/그는 곤드레만들에가 되어/죽은 애 또래의 살아 있는 애들을/그리고 있었다" 그것은 앞에서 말한 것처럼 죽은 아이가 외로울까 봐 "저승동무 길동무로" 삼고자 했기 때문이다. 죽은 아이는 이제 태어난 지 얼마 안 된 아이여서 "맨손으로 물고기를 잡"아보지 못했으며, "애비 목 틀어잡"아보지도 못했으며, "에미 젖가슴" 자주 뒤져보지도 못했다. 그리고 "개구쟁이 코흘리개 오줌싸개 울보"를 해보지 못했기 때문에 이중섭은 핏덩이로 죽은 자신의 아들을 위해 어린아이들을 그려 저승길 길동무가 되기를 바랐다. 김광림이 묘사한 아이들의 모습은 모두 이중섭의 그림 속에 출현하는 내용들이다. 그런데 이 작품 속에는 "天桃 따는 애", "맨손으로 물고기 잡는 애", "鶴타고 날아다니는 애"가 등장한다. 이중섭이 도교에 심취한 적이 있다 해도 그의 그림 속에 등장하는 도교적 정서를 환기시키는 신선의 세계는 도교라는 종교를 초월하여 죽은 아이의 영혼을 위로하고 자신의 슬픔을 위로하고자 하는 슬픔 극복의 차원에서 이미지화시켰을 것이 분명하다. 유독 아이들을 어여삐 사랑하는 이중섭에게 자신의 어린아들의 죽음은 세상이 끝나는 커다란 고통이었으며 상처가 되었을 것이다.

주지다하시피 이중섭의 그림 속에서 등장하는 아이들은, 천도복숭아 · 게 · 소 · 나무 · 꽃과 더불어 천진난만하고 순결한 것의 표상이다. 그래서 전쟁 중에 피폐해진 세상에서 더욱 이렇듯 순수한 것들을 그리워하며 자신의 삶을 그것들처럼 살아간다. 평생 부조

이중섭, 두 아이와 물고기와 게, 1950년대 전반

리한 세상에 적응하지 못하고 그것들과 싸우다가 지고 만 한떨기 꽃이었던 것이다.

이수익의 「바닷가 이중섭」은 이중섭의 아내 남덕이 아이들과 일본으로 떠난 후 그리움으로 살다가 죽은 이야기를 그린 작품이다. 그러므로 현해탄을 바라보며 일본에 있는 그리운 아내와 두 아들을 그리워하며 내뱉는 이중섭의 독백을 그린 작품이다.

예수님,
당신도 결혼을 하셨나면
사랑하는 처자식과 생이별로 떨어져 살아야 하는
한 사내가 흘리는 땀과 오한과
마른 기침으로 얼룩지는 잠자리를
조금은 이해하시리라 믿습니다.

오늘도 나는 아침부터
바닷가로 나가
푸른 바다 화폭에 그리운 家族들의 얼굴을 그리고
그들이 마치 꿈인 듯 생시인 듯, 좋아라 흰손을 들고서
우우 우우 달려오는 모습을 보고는 그만 벅차
나도 몰래 찬 바닷물 가운데로 들어섰지요.

그러나 예수님,
내 발목까지 달려온 그들은
힘없이 추르르 부서지는 환멸의 물방울
내 허무한 화폭의 그림자일 뿐이었습니다.
바로 그때, 이 가슴에는 분명
앞으로 내가 짊어지고 가야 할

무거운 십자가 하나가 걸려 내려왔습니다.

오, 두렵고도 두려우나 확실한
예감,
이 예감을 안고 내일도 나는 바닷가로 나가
예수님 당신이 맨발로 건넜다는 물보다 더 깊고 푸른
인연의 바다를 바라볼 것입니다.

-이수익, 「바닷가 이중섭」

"그 중에 제일은 사랑이다"고 말한 예수님께 "당신도 결혼을 하셨다면/사랑하는 처자식과 생이별로 떨어져 살아야 하는" 이중섭 자신의 처지를 이해하겠느냐고 하소연한다. 실제로 이중섭이 바닷가에 나가 바다 건너 일본에 있는 처자식을 그리워했는지는 모르겠지만 이 작품에서 "바닷가에 나가"의 의미는 가족을 그리워하는 마음을 나타낸 말이다. 날마다 아침부터 바닷가에 나가 "푸른 바다 화폭에 그리운 家族들의 얼굴을 그"린다. 그러자 "그들이 마치 꿈인 듯 생시인 듯, 좋아라 흰손을 들고서/우우 우우 달려"온다. 화자는 푸른 바다를 하나의 화폭으로 인식한다. 바다라는 화폭에 가족의 얼굴을 그리자 하얀 파도가 몰려오는 것이 마치 가족이 흰 손을 들고 달려오는 것처럼 보인다. 가족에 대한 사무치는 그리움 때문이다. 그러자 화자는 가족이 달려오는 바닷물 속으로 뛰어든다. 그러나 더 이상 가족은 달려오지 않고 현실은 "힘없이 추르르 부서지는 환멸의 물방울/내 허무한 화폭의 그림자일 뿐"이다. 잠시 밀려오는 파도에서 가족의 환영을 보았을 뿐 현실은 가족에 대한 그리움 너머에 환멸과 허무로 출렁거릴 뿐이다. 그리고 화자인 이중섭은 "앞으로 내가 짊어지고 가야 할/무거운 십자가 하나가 걸러 내려왔"다고 말한다. 그것은 더욱 가족에 대한 그리움과 이들을 짊어지고 가야 할 책무 때문이다.

이중섭은 일본으로 아이들과 함께 떠난 아내 이남덕에 대한 그리움 때문에 일본에 가서 가족을 만나지만 바로 한국으로 돌아오고 만다. 그러면서 아내의 배꼽과 발가락 사이를 애무해 주겠다고 혼잣말을 자주 한다. 아이들에게는 돈을 벌어 자전거를 사주겠다고 중얼거린다. 그러나 그러한 다짐은 절망을 위무하며 자신에게 거는 최면일 뿐이었다.

이러한 배경을 지닌 이수익의 「바닷가 이중섭」은, 그러나 가족을 만날 수 있다는 희망을 버리지 않는다. 그래서 "오, 두렵고도 두려우나 확실한/예감,/이 예감을 안고 내일도 나는 바닷가로 나가/예수님 당신이 맨발로 건넜다는 물보다 더 깊고 푸른/인연의 바다를 바라볼 것"이라고 한다. 그러나 이 "예감"은 끝내 빗나가고 이중섭은 가족을 만나지 못하고 쓸쓸하게 죽어간다.

화가이기 전에 한 사람의 인간이었던 이중섭이 가족 사랑의 의미를 묻는 작품이다. 성경에서 예수님은 맨발로 바다를 건너는 기적을 일으킨다. 그것은 인류를 사랑하는 예수님의 사랑법이다. 예수님이 건넜다는 깊고 푸른 바다를 이중섭은 맨발로 건너지 못하고 더 이상 인연의 끈은 이어지지 못하고 말았지만, 이중섭은 날마다 바닷가에 나가 그의 가족이 있는 현해탄 건너를 응시했다. 그의 사랑은 지독했지만 지독한 그리움으로 눈을 감고 말았다.

이중섭과 그의 그림을 그린 시작품들은 대부분 서사구조를 지닌다. 그것은 그의 그림이 야수파적이거나 표현주의적인 것과는 관계가 없다. 가난하지만 가족을 사랑하고 그리워하는 그의 뜨겁고도 쓸쓸했던 삶이 안타깝고 가슴 저려 도저히 참을 수 없어 이 세상에서 가장 아름다운 언어를 골라 가엾고도 순정했던 사람을 추모하는 것이기 때문이다.

레오나르도 다 빈치의 그림과 김승희·정숙자의 시

레오나르도 다 빈치(Leonardo da Vinci, 1452~1519)는 인류 역사상 위대한 천재예술가의 한 사람이다. 흔히 그를 생각할 때「모나리자」,「최후의 만찬」을 그린 화가를 떠올리기 일쑤이지만, 그는 과학사 · 기술사 · 사상가로 조각 · 건축 · 토목 · 수학 · 과학 · 의학 · 음악에 이르기까지 다양한 재능을 보였다.

그는 유년기에 이론교육보다 실용적인 경험을 많이 쌓았다. 포도주 · 기름 · 밀가루를 생산하는 농촌에서 농부의 지식을 직접 흡수하였다. 또한 도자기업을 하는 할머니의 가마에서 온갖 도기, 특히 채색 토기를 구워냈다. 도자기 기법을 익혔던 이러한 체험은 그의 예술에 많은 영향을 끼쳤다.

위대한 예술가는 싹수부터 다를까? 그는 왼손으로 글씨를 썼다. 누가 시켰거나 자신이 의식적으로 한 것은 아니지만 글씨를 뒤집어서 썼다. 이는 훗날 그가 쓴 여러 문서에도 나타나는데 성인이 되어도 글씨를 뒤집어서 쓰는 버릇을 버리지 못했지만 이러한 습관은 오히려 예술가의 기질, 또는 창의성의 상징으로 인식되고 있다.

1469년 다 빈치는 피렌체에서 가문의 전통에 따라 아버지의 친구인 베로키오의 작업장에 들어가 견습을 한다. 여기에서 그의 습작기를 보낸 셈이다. 이때 그는 공방에서 한 가지 직종을 갈고 닦는 것에 만족하지 않고 닥치는 대로 호기심을 충족시켰다. 데생뿐만 아니라 회화에 열중하였는데 특히 그림 그리는 일이 적성에 맞았다.

그의 스승 안드레아 델 베로키오(1436~1488)는 금은세공사, 원근법의 대가, 조각가, 판각사, 화가, 음악가로 공방의 사업주이기도 하여 일을 수주받아 협조자들이나 제자들을 시켜 완성했다. 베르키오의 공방에서 다 빈치는 훗날 르네상스의 3대 대가로 인정받는 보티첼리와 함께 하였다.

다 빈치의 생애는 제1차 피렌체 시기(1466~1482), 제1차 밀라노 시기(1482~1499), 제2차 피렌체 시기(1500~1506), 제2차 밀라노 시기(1506~1513), 로마 · 앙부아즈 시기(1513~1519)로 나눠 활동하였다.

제1차 피렌체 시기인 1473년 21세에 다 빈치는 「산타마리아 델리 네베의 풍경」을 그렸다. 이 작품은 '서양미술사에서 최초의 진정한 풍경화'로 일컬어진다. 풍경화는 극동 미술에서 흔히 다루어진 주제였다. 이 그림은 그의 고향에 관한 기록이다. 입체감과 공간감, 안개와 그늘은 강한 활력에 의해 고무되고 있다. 그림의 필치는 현상세계 속으로 침투하려고 애쓰는 예술적 · 과학적 · 시적 · 우주적 탐구 정신 과정을 표현하고 옮겨 쓴다. 선영(線影)의 작품에 의해 빛을 떨게 만듦으로써 풍경화의 밀도와 투명성을 부여하였다. 마치 동양화를 보는 듯하다.

다 빈치는 1482년 피렌체를 떠나 밀라노에 갔다. 밀라노에서

「암굴의 성모」를 그린다. 장면을 어둠 속에 잠기게 함으로써 빛 속에서 갑자기 드러나는 요소들에게 진정한 드러남의 힘을 부여하고, 인물 · 후광 · '부차적인 빛'의 반사광을 정신의 발산처럼 보이게 하는 이 방법을 레오나르도파 기법이라고 한다.

이 기법으로 그린 이 그림은 수많은 비밀과 암시로 가득한 신비한 기호들을 특별히 종합해 놓고 무한한 상징적, 신화적 해석의 여지를 남기고 있다. 동굴은 모태인 동시에 지식의 공간이다. 이것은 신비론적인 서정성과 불가사의의 어조를 띤 형이상학적이고 신비로운 종교적인 분위기에 둘러싸여 있다. 산들은 끝나지 않는 시간과 공간 안에서 지질학적인 우주를 표현한다.

1487년 다 빈치는 이론적이고 실용적인 지식, 예술적이고 기술적인 지식을 정비하고 합리화해야 한다고 생각하였다. 그는 수첩에 온갖 종류의 메모를 하였다. 그리고 체계적인 논설문을 작성하였다.

그는 이른바 '이론을 추구하는 현실적인 인간'이었다. 예술에 대한 커다란 꿈을 키웠고, 그것을 유토피아 안에 투사하였다. 역학 · 물리학 · 해부학 개념을 비행술에 적용하였다. 그러면서 기류, 기하학적 동체, '수학법칙에 의해 작용하는 기구'로 해부된 새의 중심(重心), 저항, 변동 문제를 연구하기 위해 공기역학에 몰두하였다. 더불어 그는 잠수함도 구상하였다. 이렇듯 당시로서는 엉뚱한, 그러나 기발한 상상력을 가진 그에게 비행은 유토피아의 절정 · 신의 경지에 오른 기술자가 숭고하고 경이로운 것을 창조하는 꿈을 상징한다.

건축학과 도시계획 분야에서 다 빈치는 '전위적'예술가였다. 밀라노 대성당 채광탑의 목재 모형이 그의 설계도에 따라 만들어졌다. 뿐만 아니라 1493년 다 빈치는 밀라노의 복원과 확장을 위한 시안을 구상한다.

이 무렵 다 빈치는 해부학적 지식을 심화하려고 시도하였다. 인체의 비밀을 속속들이 파헤치고 싶었는데 특히 인간의 영혼이 온몸에 퍼져 있지 않고 그의 한가운데만 존재할 수 있다는 것을 입증하려 했다. 마침내 감각을 지각하는 우두머리에 의해 영혼을 중앙의 뇌실 안에서 섬김을 받는 군주로 '신경과 근육'은 대장을 섬기는 병졸로 정의하기에 이른다.

다 빈치의 호기심은 연극과 축제에도 미쳤다. 순간적인 것, 기분풀이, 꼭두각시, 경이로운 것들의 연극은 그에게 직감과 그가 발명한 기계들을 확인하고 문학 · 심리학 · 무의식적인 동작 · 상징학에 대한 새로운 정열을 표현할 수 있는 실험의 장이 되었다. 또한 화가 다 빈치는 과학적 유토피아에 속하며 현실을 넘어선 신세계, 즉 기술적 상상력에 관한 '시'의 세계를 예고하는 통합기술에 속하는 새로운 기계들을 그렸다. 그런 점에서 다 빈치가 결의의 찬 태도로 괘종시계와 방적기 연구에 매달린 것은 큰 의미를 지닌다.

이른바 레오나르도파 기법이라고도 불리는 '레오나르도적 스푸마토'는 부피 · 넓이 · 깊이 · 색채와 같은 예술개념을 결정하는 데 중요한 역할을 하는 것을 말한다. 즉 대상을 둘러싼 상호작용, 그리고 그들 간의 자연적 변화에서 비롯되는 것으로, 이때 스푸마토를 좌우하는 것은 물체 표면에 따른 색채의 무한 변화이다. 다 빈치는 빛보다 그림자 쪽에 중점을 두어 이론을 전개했다. 그림자를 질과 양, 종류와 형태 등 여러 관점으로 분류했으며, 그림자를 원시적이며 파생적이고 반사적인 것으로 정의하였다.

미켈란젤로는 「최후의 만찬」에서 '사도 필립보' 부분을 명암법을 사용했는데 그의 인체는 맑고, 투명한 빛 속에 한껏 적심으로써 반짝임을 강조하였다. 그럼으로써 윤곽선에 부조의 느낌을 부여했다. 그러나 다 빈치의 「모나리자」는 입체감 있게 표현된 얼굴은 빛과 그림자의 변화하는 효과를 드러내 준다. 인물과 풍경을 통합하는 시각적 본질을 형성한다.

다 빈치는 신체언어에 대한 통찰을 보여준다. 그는 손에 잡힐 듯 생생하고 구체적인 느낌의 인간형상을 묘사했다. 그는 이러한 느낌이야말로 모든 동작과 사고, 감정의 매개물이 될 수 있다고 생각하였다. 「동방박사의 경배」, 「최후의 만찬」 등은 각기 다른 나이, 특징, 의도, 느낌을 지닌 인물 모두가 생동감 있게 느껴지는 것은 감정적 효과 때문이다. 다 빈치는 동작과 몸짓이 인물의 정신적 · 감정적 내용까지 드러낼 수 있다고 생각하였다.

다 빈치의 업적 중 빼놓을 수 없는 것 중의 하나는 원근법이다. 예술과 과학의 융합이라는 독창성은 다 빈치의 성공을 결정짓는 기본 토대였다. 기존의 이론과 추상보다도 일상 경험의 사실성을 부각하는데 몰두하였다. 가령 기존의 화가들은 고정점에선 관찰자만 전제로 했지만 다 빈치의 접근법은 통시적인 것이었다. 선 원근법, 수학적 원근법과 더불어 색 원근법과 소실점 원근법에 착안하였다. 이러한 가설을 작품 속에 적용했다.

또한 다 빈치는 인간의 관상학에 대한 연구가 그림 속에 반영되었다. 그림을 통해 본질을 포착하려 했던 그는 외설, 음탕, 기괴, 그로테스크 같은 측면을 잘 묘사하였다. 이와 같은 기형과 변칙을 통해 얼굴 특징 및 기질, 해부학과 관련되는 인간 유형의 목록을 세분화했다. 당시 표정은 세속문화를 구성하는 기본요소였다. 다 빈치의 그로테스크 이미지 열풍은 16세기 말까지 계속되었다. 훗날 무의식의 발견과 더불어 정신분석학이 학문의 영역으로 활용되면서 다 빈치의 그로테스크한 환각적 이미지들은 정신이상 치료나 정신분석의 맥락에서도 중요한 의미를 지닌다.

그의 대표작으로 꼽는 「최후의 만찬」은 산타마리아 델레그라치교회의 수도원 식당 벽에 그려진 것으로 유다의 배신이 알려지는 순간의 성만찬 장면을 재현하고 있는 작품이다. 15세기 피렌체에서는 다 빈치 이전에 안드레아 델 카스타뇨나 기를란다요에 의해 '최후의 만찬'이라는 주제로 그림이 그려졌다. 이들 그림은 유다 한 사람만이 식탁 건너편에 배치되어 있는 구도이다. 그러나 다 빈치는 유다를 열두 제자 속에 포함해 열두 제자를 세 명씩 무리를 짓는 구도를 취했다. 이전 작가들이 유다의 배반에 초점을 맞췄지만 다 빈치는 화면의 조형성에 초점을 맞춘 획기적인 작품이다. 이 작품은 매우 과학적이면서도 종교적 상징성에 의미를 부여하였는데, 3개의 창문, 4개의 무리를 이룬 제자들은 기독교의 삼위일체와 네 복음서, 그리고 예루살렘의 열두 문 등을 상징한 것으로 볼 수 있다. 또한 정확한 원근법으로 짜여있지만, 감상자의 입장에서는 원근법을 정확하게 볼 수 있는 자리가 없도록 되어 있어 일상적 차원이 아닌 이상적 차원에서 존재하는 것으로 기획되었다. 내용과 형식에서 독창적인 이 작품은 르네상스 전성기의 가장 뛰어난 성과로 평가되어 유네스코가 세계문화유산으로 지정하였다.

다 빈치의 마지막 걸작이랄 수 있는 「세례요한」은 어두운 검정을 배경으로 오른손 검지를 위로 향하고, 왼손은 가슴에 댄 채 십자가를 들고 있는 청년의 모습이다. 흔히 '세례요한'을 어린아이나 중년 남성으로 그린 것에 반해 다 빈치는 젊은이로 그려내 생기가 넘치고 매우 사실적이다.

이 작품은 다 빈치가 평생 연구한 스푸마토와 키아로스쿠로의 테크닉이 적용된 그림이다. 검은 배경에서 묘한 웃음을 짓고 있는 젊은이의 표정은 모호하지만 신비롭다. 그리고 표정은 매우 섬세하다. 머리카락과 털옷의 표현 또한 스푸마토와 키아로스쿠로를 극대화함으로써 뚜렷한 선이 없다. 음영의 농도가 자연스럽다. 그런 까닭에 인물의 입체감이 더욱 생생하며 사실적이다. 동시에 어둠 속에서 인물이 베일에 싸여 신비스러운 인상을 주는데 한몫하고 있다.

중세의 봉건사회에서 인류문명의 새로운 전기를 마련한 르네상스의 천재 다 빈치의 그림들은 주로 성서 속의 인물과 정황을 그렸다. 물론 「모나리자」, 「지네브라 데 벤치」, 「담비를 안고 있는 여인」 등의 초상화와 신화적 주제를 그리기도 하였다. 그러나 다 빈치는 거의 평생을 「수태고지」에서 출발하여 「성모자상」 그리고 성경 속의 정황 등을 회화작품으로 형상화하는 데 주력했다고 볼 수 있다.

기독교적 세계관을 그린 것은 아니지만 다 빈치를 떠올릴 때 역시 「모나리자」를 생각하지 않을 수 없다. 1503년에서 1515년 사이에 그린 것으로 다 빈치의 모든 감각과 통찰이 집결된 작품이라고 할 수 있다. 극도의 섬세함과 세부 묘사가 돋보이기 때문이다. 한마디로 시간과 공간 사이에 퍼져 있는 자연의 본질을 드러낸다.

이 작품은 다 빈치가 피렌체의 부호 프란체스코 델 조콘라를 위하여 그의 부인을 그린 초상화이다. 모나리자의 '모나'는 이탈리아어로 유부녀에 대한 경칭이어서 '리자'는 조콘다 부인의 이름이니 모나리자는 '리자 부인'이라는 뜻으로 이해할 수 있을 것이다. 이 작품 속의 주인공인 모나리자는 나이 24~27세 때의 초상으로 눈썹이 없다. 그러나 애초부터 다 빈치가 눈썹을 그리지 않았을 리 없을 것이다. 주문받아 그린 초상화이기 때문에 무엇보다도 사실적으로 그려야 했기 때문이다. 다 빈치가 이 그림을 3차원으로 표현하기 위해 여러 번 유약으로 특수처리하였고 가장 바깥에 그려졌던 눈썹이 수백 년이 흐르는 동안 화학반응을 일으켜 사라지거나 떨어져 나간 것이라는 주장이 제기되기도 하였다.

어쨌든 정숙한 미소를 머금은 표정, 편안한 손 등의 자연스러운 미소 때문에 더욱 유명해진 이 그림에 대해 수많은 말들이 있어 여전히 모나리자의 미소는 많은 사람에게 호감과 호기심을 제공하고 있는 것은 사실이다.

시인들 역시 모나리자에 많은 관심을 보였다. 우리나라의 김승희 시인과 정숙자 시인이 모나리자에 대한 시편을 써서 관심을 표명하였다. 김승희 시인은 「뚱뚱한 모나리자」라는 자신의 작품을 통해 비만과 욕망의 거리를 펼쳐 보이고, 정숙자 시인은 청각장애인의 일면을 보여준다.

어마어마한 살덩어리
막을 수 없는 증식의 반죽덩어리
물속에서 통통 불은 듯한
부풀어오른 얼굴에 손가락을 넣어봐
밀가루의 무저갱으로 아득히 빨려들어가는 손가락
야식증후군일 거야
몽유의 발걸음은 냉장고 속으로 출렁출렁 빨려들어 가고
해적선, 밤의 약탈로 메워지는 입,
통닭 한 마리를 밤에 혼자 다 먹었다니까
먹은 기억은 못하지만, 아침에 쟁반에 수북한 닭뼈들,

레오나르도 다 빈치, 모나리자, 1503년~1515년 사이

그것과 출렁거리는 뱃살만이 유일한 증거,
낮이면 하얀 실크에 십자수를 놓는 얌전한 수예가인지도 몰라
한밤중엔 머리를 풀고 먹을 것을 찾아다니는 폭식증의 여자
미소, 어두운 심해의 우울증에서 뻗어나오는 방만한 미소,
무시무시한 살덩어리가 움직이는 출렁거리는 비만의 미소,
몸을 증오하고 먹음직스런 세상의 모든 것을 증오해야 하는,
파묻히고 싶은 매몰의 죽음 충동을 일으키는,
뚱뚱한 여인의 환상의 끝은
매몰,
함께 죽자고 할 수는 없을 거야,
함께 죽을 순 없을 거야,
뚱뚱한 매몰의 끝은 천국인지, 지옥인지,
나는 숨쉬고 싶다,
뚱뚱한 턱과 산맥만큼 부풀어오른 가슴에 파묻혀
숨이 턱밑까지 차오르고 다리가 후들거리는 모나리자,
야식증의 어마어마한 모나리자,
간신히 숨쉬는 모나리자

비만 진료소 벤치에 앉아 있는 미소의 어머니
-김승희, 「뚱뚱한 모나리자」전문

다 빈치의 「모나리자」는 인간에 대한 오묘한 감정과 관능을 표현하였다. 특히 모나리자의 미소는 신비스럽다. 이 유명한 미소는 관심과 무관심을 동시에 함축하며, 비현실적이고도 추상적인 분위기를 만들어낸다. 이처럼 모나리자의 미소는 보는 사람에 따라 천차만별로 다르게 볼 수 있다. 그러나 한 가지 그림 속의 주인공은 오른 손을 왼 손 위로 얹고 정숙한 포즈를 취하고 있는 것만은 분

명하다. 그런데 김승희 시인을 만나 모나리자는 뚱뚱한 여자가 되고 만다.

이 그림이 루브르 박물관에 전시되었을 때 그림 속의 여인을 흡혈귀, 키마이라, 스핑크스, 가짜 변태, 사랑의 대상, 세속적 성모, 대단한 매춘부 · 요부, 양성의 상징이라고 말하기도 하였다. 그 이후 모나리자는 사람들에 의해 임신 또는 질병의 징후를 적발했다고도 했고, 세이렌, 프랑수아 1세의 정부, 아틀란티스의 여왕의 신분을 부여하기도 하였다. 더불어 모나리자는 화가들에 의해 뚱뚱하게 그려지거나 특히 마르셀 뒤샹은 수염을 붙이기도 하였다.

그러나 다 빈치가 이 작품을 그리기 위하여 악사와 광대를 불러 부인의 심기를 즐겁고 싱그럽게 하기 위한 것은 부인이 정숙한 포즈를 취하도록 노력했던 것만은 분명하다. 그런데 김승희 시인을 만나 모나리자는 모다시 뚱뚱한 여자가 되고 만다. 그림만으로는 뚱뚱한 여자에 대한 구체적인 정보를 얻어내기 쉽지 않다. 김승희 시인에 의해 새롭게 태어난 모나리자는 풍요로운 자본주의 사회에서 흔히 만날 수 있는 비만의 여성으로 그려지고 있다. 김승희 시인의 발칙한 상상력이 정숙한 모나리자의 이미지를 뒤틀어버린 셈이다.

"어마어마한 살덩어리"의 여인은 우리 주변에서 쉽게 만날 수 있다. 마치 "물속에서 퉁퉁 불은 듯한/부풀어오른 얼굴"인데 그 얼굴이 밀가루 반죽 같아서 손가락으로 찌르면 "밀가루의 무저갱으로 아득히 빨려들어가는 손가락"이 느껴질 정도의 비만이다. 화자는 "야식증후군일" 것이라고 짐작해 본다. 화자는 여자가 왜 뚱뚱해졌는지를 생각해본다. "낮이면 하얀 실그에 십자수를 놓는 얌전한 수예가"일 것인지도 모른다고 생각한다. 그러다가 "한밤중엔 머리를 풀고 먹을 것을 찾아다니는 폭식증의 여자"인데 여자는 우울증 환자라도 되는 걸까. 여자는 미소를 짓고 있는데 그것은 온전한 미소가 아니다. "어두운 심해의 우울증에서 뻗어 나오는 방만한 미소"이며 "무시무시한 살덩어리가 움직이는 출렁거리는 비만의 미소"이다. 여자는 우울증에 걸려 "몽유의 발걸음은 냉장고 속으로 출렁출렁 빨려들어 가고" "통닭 한 마리를 밤에 혼자 다 먹"는다. "아침에 쟁반에 수북한 닭뼈들"이 야식증후군의 여자가 통닭 한 마리를 다 먹었다는 증거이다. 뿐만 아니라 "출렁거리는 뱃살"이 여자가 밤에 무엇을 했는지를 말해주는 것이다.

세상에 대한 불만, 또는 자신에 대한 불만, 또는 불안을 해소하는 방법으로써 폭식하는 사람들이 많다고 한다. 이렇게 불만과 불안을 해소시키는 폭식을 하는 우리 사회는 병적이다. 그러므로 여자는 환자이다. 불만과 불안을 해소하기 위해 폭식을 하다 보니 비만이 되고 여자는 그러한 자신의 "몸을 증오하고 먹음직스런 세상의 모든 것을 증오해야 하는" 악순환의 세계가 오늘 우리 사회가 안고 있는 모순이 아닐까. 불만과 불안의식 때문에 "파묻히고 싶은, 매몰의 죽음 충동을 일으키는,/뚱뚱한 여인의 환상의 끝은/매몰"일까. 그렇다고 "함께 죽자고 할 수는 없을" 것이다. 자신의 몸과 정신이 병들었어도 모두 함께 죽자고 생각하는 비정상적인 정신으로 변질되지는 않았지만, 우리 시대, 우리 사회의 병리 현상의 상징이랄 수 있는 '뚱뚱한 모나리자'를 통해 물질적으로는 풍요롭지만, 모순과 부조리, 그리고 인간의 탐욕을 드러낸다. 이러한 상황 속에서도 뚱뚱한 모나리자는 "숨쉬고 싶다" 즉 인간답게 살고 싶은 것이다. 주지하다시피 자본주의는 특히 여성의 몸을 상품화시키고 있다. 날씬하거나 늘씬해야 그 가치가 인정된다. 그런데

"뚱뚱한 턱과 산맥만큼 부풀어오른 가슴에 파묻혀/숨이 턱밑까지 차오르고 다리가 후들거"린다. 다 빈치의 「모나리자」가 미적 기준으로써의 완벽성을 지녔다면 오늘날 뚱뚱한 여자는 이와는 아주 상반된 모습이다. 그러나 그들도 인간이다. 인간으로서 대접받고 여성성을 회복하여 살고 싶은 것이지만 "야식증의 어마어마한 모나리자,/간신히 숨쉬는 모나리자"는 간신히, 겨우 살고 있다. 그러면서도 생의 의지를 갖고 "비만 진료소 벤치에 앉아" 미소짓는 것이다. "뚱뚱한 매몰의 끝은 천국인지, 지옥인지" 반문하기도 했지만 결국 자신의 병리 현상을 치료하고 싶은 것이다. 비만을 하나의 병으로 인식한 까닭이다.

김승희 시인의 「뚱뚱한 모나리자」는 앞에서 지적한 것처럼 풍요롭지만 절제하지 못하는 자본주의의 탐욕을 그 배경으로 한 악순환을 그리고 있다. 김승희 시인의 「뚱뚱한 모나리자」가 개인과 우리 사회의 병리적 현상을 드러낸 것처럼 정숙자 시인 역시 '모나리자'를 청각장애인으로 인식하고 있다는 측면에서 공통분모를 갖는다.

> 모나리자의 액자 속에는 소리가 없다. 그녀의 배경은 어둡다. 남들이 백(百)을 들을 때 삼사십을 듣는 모나리자는 늘상 그렇게 앉아 그렇게 웃을 수밖에 없다. 남들이 손뼉 칠 때 손뼉치고 일어설 때 일어선다. 모나리자는 봄비 소리와 가랑잎 구르는 소리를 알지 못한다. 눈 오는 소리의 기억을 갖지 못한다. 그러나 어린 모나리자는 구김살 없는 반달로 자라 모나리자가 되었다. 그녀는 어느 회합에서도 미소를 잃지 않는다. 안 들리는 귀는 졸음을 몰고 오지만 입술은 깨물망정 흔들거리지 않는다. 그녀의 뒤에는 언제나 네모난 하늘의 조용한 틀이 있다. 모나리자가 듣는다는 것은 읽는 것이다. 그 어리숭한 눈

으로, 전신의 세포로 상황을 읽고 덩어리진 소리를 조각한다. 스테레오는 어림없다. 그녀가 옷을 벗으면 온몸이 귀라는 것을 알게 된다. 모든 살갗이 귀 모양으로 열려 있다. 그녀의 어깨는 어떤 바람에도 능선으로 놓일 뿐이다. 아무도 아는 이 없다. 그녀가 스스로 달팽이관을 열어 보이기 전에는 그저 행복한 모나리자일 따름이다. 그녀의 왼쪽에만이 사람이 있고 언어가 있다. 누구라도, 연인이 아니어도 나란히 앉거나 서서 말하며… 걷는다. 오른쪽 귀는 창세기 이전으로 잠잔다. 왼쪽만이 삼사십 퍼센트의 파도 소리를 듣는다. 삼사십을 들으며 오늘도 모나리자는 모자라는 이마를 가꾼다. 그녀의 그늘을 이렇게까지 아는 사람은 모나리자에서 차단된다. 세상은 모르는 만큼 고요하다.

-정숙자, 「모나리자는 듣지 못한다」 전문

김승희 시인과 정숙자 시인은 '모나리자'를 주제로 한 각각의 시편에서 다 빈치의 그림 속 주인공에 관한 이야기나 그림과 연관을 지어 시적 상상력을 펼치지 않는다. '모나리자'의 주인공이 여성이라는 점과 미소를 짓고 있다는 점, 그리고 아름다운 여성이지만 병적이라는 데에 초점을 맞추고 있을 뿐이다. 그런 까닭에 정숙자 시인은 「모나리자는 듣지 못한다」 첫 행에서 "모나리자의 액자 속에는 소리가 없다"는 부정적인 인식에서 말문을 연다. 주지하다시피 인간의 언어는 주로 '소리'라는 매제를 이용하여 소통한다. 자연의 움직임조차도 청각적 이미지를 통해 지각할 정도로 소리는 메시지를 소통하는 매우 중요한 수단이다. 그런데 "모나리자의 액자 속에는 소리가 없다"고 한다. 뿐만 아니라 "그녀의 배경은 어둡다"고 말을 한다. "소리가 없다"와 "배경은 어둡다" 사이에는 사전적인 의미를 뛰어넘어 소통이 쉽지 않음을 암시한다. 그것을 설명해

주는 것은 "남들이 백(百)을 들을 때 삼사십을 듣"기 때문인데 그런 까닭에 못 알아들었어도 알아들은 척 "모나리자는 늘상 그렇게 앉아 그렇게 웃을 수밖에 없다." 못 들은 시늉을 하면 함께 어울릴 수 없는 것이 우리 사회이기 때문이다. 이렇게 눈치로 길들여진 모나리자는 슬픈 인간관계를 나타내는 약자의 비극이 아닐 수 없다. 그렇기 때문에 "남들이 손뼉 칠 때 손뼉치고 일어설 때 일어선다." 하지만 "모나리자는 봄비 소리와 가랑잎 구르는 소리를 알지 못한다. 눈 오는 소리의 기억을 갖지 못"했다. 소리를 듣지 못하기 때문인데 이것은 모나리자가 어린 시절부터 소리를 듣지 못했다는 증거이다. 그렇지만 청각적 이미지를 읽어내지 못하는 모나리자이지만 "구김살 없는 반달로 자라 모나리자가 되었다."

살펴본 것처럼 정숙자의 모나리자는 장애를 가졌지만 바르게 자란 듯하다. 그러면서도 세상의 관습에 눈치를 보아야 한다. 다른 사람들과 함께 소통하고 어울리기 위해서는 어쩔 수 없는 노릇이다. 세상이 모나리자를 성장시킨 것이다. "어느 회합에서도 미소를 잃지 않"고 "안 들리는 귀는 졸음을 몰고 오지만 입술을 깨물망정 흔들거리지 않"을 정도로 눈치에 익숙해진 모나리자는 실상 슬프다. 일반적으로 소리를 듣는다. 그러나 모나리자는 눈으로 소리를 읽고 듣는다. "어리숭한 눈으로, 전신의 세포로 상황을 읽고 덩어리진 소리를 조각한다." 남들만큼 귀가 밝지 않은 까닭인데, 그러므로 귀로 감지할 수 있는 "스테레오는 어림없다." 모나리자가 귀가 어둡기 때문에 "온몸이 귀"이다. 귀는 청각기관이지만 귀가 어둡기 때문에 온몸의 세포가 귀의 역할을 해야 한다. 온갖 감각의 촉수로 상황을 파악해야 거기에 대체할 수 있기 때문에 온몸이 귀인 것이다. "그녀의 어깨는 어떤 바람에도 능선으로 놓일 뿐이다."

능선처럼 생긴 어깨에 바람이 스치며 소리를 내기도 하겠지만 그녀는 듣지 못하기 때문이다. 누군가 모나리자를 볼 때 그저 행복한 사람으로 보일 것이다. 언제나 미소를 짓기 때문에 그리고 온몸이 소리를 듣는 귀이기 때문에, 그래서 누가 보아도 자신들과 같은 사람이기 때문에 그녀의 귀가 고장이 났다는 것을 모르는 까닭이다. 관능적인 다 빈치의 미소와 정숙자 시인의 미소는 이런 측면에서 내용적으로는 완전히 다르다. "행복한 모나리자"가 아니라 "슬픈 모나리자"가 아닐 수 없다. 모나리자의 귀가 삼사십을 듣는 것은 오른쪽 귀가 듣지 못한 까닭이다. 그렇기 때문에 "그녀의 왼쪽에만 이 사람이 있고 언어가 있"는 것일 게다. 왼쪽 귀만이 열려있기 때문이다. 창세기 이전, 즉 하느님이 이 세상을 만들기 이전엔 소리가 없었을 것이다. 아무것도 존재하지 않은 무(無)의 상태였다. 또는 잠을 자는 깨어나지 않은 상황이었다. 모나리자는 여성이기에 "오늘도 모나리자는 모자라는 이마를 가꾼다." 소리를 듣지 못하는 것은 모나리자의 그늘이다. 그럼에도 불구하고 말이 많은 시대에, 또는 귀가 많은 시대에 "세상은 모르는 만큼" 또는 듣지 못하는 만큼 고요한 것은 아닐까.

정숙자 시인은 「모나리자는 듣지 못한다」에서 우리 주변에서 흔히 만날 수 있는 청각장애인의 비애와 더불어 말이 많은 시대의 언어에 대해 매우 친절하게 독자들을 안내하고 있다. 액자 속에서 다소곳이 미소 짓고 있는 정숙한 여성에게서 우리 사회의 모순과 아픔을 발견해내고 있느니 '정숙자' 시인의 정숙하지 않은 상상력이 우리를 아프게 한다. 이쯤해서 정숙자 시인의 한쪽 귀가 어두운 것을 눈치챘어야 했다.

툴루즈 로트레크의 그림과 이건청의 시

예술가에게 운명이라는 것이 있다는 생각을 해본다. 앙리 드 툴루즈 로트레크(Henri de Toulouse-Lautrec, 1864~1901)의 삶을 들여다보면 그런 생각이 든다. 자신의 의지와는 상관없이 그를 둘러싼 환경적 요인에 그의 운명이 휘둘린 까닭이다.

그의 집안인 툴루즈 가문은 십자군 원정 때 중요한 역할을 했다. 아버지인 툴루즈 백작은 남프랑스에서 풍족한 생활을 했다. 집안은 가문의 번영을 유지하기 위해 근친결혼을 해왔다. 경제적으로는 득이 되었는지는 몰라도 유전적으로는 많은 문제가 있었다.

1864년 11월 24일 장남으로 태어난 로트레크는 허약하고 신경질적인 아이였다. 그의 집안은 사산아나 저능아를 낳곤 하였다. 로트레크의 동생은 한 살의 나이에 세상을 떠났다. 그의 어머니는 로트레크가 허약했기 때문에 직접 가정교사를 맡았지만, 어머니의 독점욕과 보호에서 반항하며 엘리트적인 귀족 생활에서 몽마르트르의 카바레와 클럽의 자유분방한 생활로 옮겨간다. 이는 육체적인 결함을 극복하며 어머니로부터 해방되고자 한 결과이다.

14세 때 아버지가 한 권의 책을 주었는데, "아들아, 기억하라. 햇빛과 대기 가운데서 생활하는 것만이 진정으로 건강한 생활인 것을. 자유를 빼앗긴 것은 무엇이든지 사라지고 죽는다."라고 쓰여 있었다. 하지만 그는 아버지의 당부처럼 당시 햇빛과 대기 속에서 그림을 그렸던 인상파 화가들처럼 그곳에서 생활하지 못한다.

로트레크는 13세 때 한쪽 다리가 부러졌고, 14세 때에는 남은 다리마저 부러졌다. 제대로 치료받지 못한 그는 성인이 된 후에도 키가 150cm를 넘지 못했다. 여섯 살 때부터 그림에 재능을 보였는데, 14세 때 두 다리가 부러진 후 유화로 말, 마차, 기수, 개가 있는 로트레크가의 사유지나 사냥하는 모습 등 쉽게 볼 수 있는 귀족적인 분위기를 담아냈다. 그의 아버지는 그에게 친구인 르네 프랭스토가 그림을 가르치게 한다.

이 무렵부터 로트레크는 양다리가 병신이 되어 좋아하는 스포츠와 승마로부터 버림받은 후, 그림 그리는 데 전념한다. 이때 만약에 로트레크가 실의에 빠져 절망하였거나 다리에 부상이 없었더라면 근대미술사의 거장 로트레크는 탄생하지 못했을 것이다. 그가 몽마르트르의 환락을 탐닉하게 된 것도 부상 때문에 온 자신의 기형적인 모습에 대한 심리적인 부담이 다분히 작용했다. 뒷날 로트레크는 친구에게 말했다. "내가 그림을 그리게 된 것은 사소한 우연 때문이었다. 내 다리가 조금만 길었더라면 나는 결코 그림 따위를 그리지 않았을 것이다."

17세 때 로트레크는 화가가 되기로 마음을 먹은 후 18세 때 당시 인기 화가였던 레옹 보나의 아틀리에에 들어갔다. 로트레크는 화가나 디자이너로서 뛰어난 재능을 보였지만 그의 스승은 실력을 제대로 평가하지 않고 오히려 반감을 가졌다. 로트레크는 스스로 관전 화가인 페르낭 코르몽을 찾아간다. 그러나 스승이 너무 쉽게 칭찬하는 것에 못마땅해한다. 로트레크는 코르몽의 아틀리에에서 1882년 9월부터 1986년까지 적을 둔다.

16세 때부터 로트레크의 그림은 그의 독자적인 양식을 드러내 보였는데 「두 마리의 말과 마부」라는 작품이다. 이 작품은 드라크루아의 영향이 엿보이면서도 매우 힘이 넘치는 필치를 보여준다. 훗날 매춘부는 물론 무희들의 춤추는 동세를 그린 것에서 나타나는 강력한 필치, 빛처럼 빠른 붓놀림으로 만든 색면이나 나무줄기를 표현하고 있다.

1886년 로트레크는 11살 위인 고흐를 만난다. 네덜란드에서 갓 파리에 올라온 고흐는 아직 프랑스말도 제대로 하지 못했는데, 로트레크와 고흐는 혈통이나 가정환경이 모두 대조적이었지만 두 사람은 이상하게도 서로에게 끌리고 있었다. 로트레크는 도시적이며 향락적이고, 사교적인 네 반해 고흐는 신시하고 열성적이고, 구노적이며, 이상주의적인 데가 있었다. 모든 면에서 서로 잘 맞지 않은 면이 있었으나 로트레크는 고흐의 성실성을 잘 이해하고 귀찮은 기색을 털끝만큼도 내색하지 않았다.

1887년에 로트레크가 그린 「고흐의 초상」은 두 사람의 우정을 상징한다. 23세의 로트레크가 34세의 동료 화가 빈센트 반 고흐가 파리의 한 주점에 앉아있는 옆모습을 그린 이 그림은 고흐의 현존하는 초상화 가운데 그의 내면을 가장 잘 표현한 감수성이 뛰어난 작품이다. 다른 사람이 정열적인 고흐를 어떻게 보고 있는지를 알려준다. 압생트를 앞에 두고 앉아있는 고흐는 당장이라도 뛰어오를 듯한 동물처럼 보인다. 고흐가 그린 자화상은 독자적이며 표현력이 풍부한 반면 마분지에 파스텔로 그린 로트레크가 그린 초상화는 기인이라고 불렸던 광기 넘치는 고흐의 내면을 잘 표현하고 있다. 아직 인상파 풍이지만 고흐의 활력과 강박관념이 놀랄 만큼 충실한 인상학적인 접근으로 캔버스에 고정되었다. 심리학적으로도 통찰력이 깊을 뿐만 아니라 고흐의 신체적인 특징인 처진 눈썹과 매부리코가 인상적이다.

근대 서양 미술사에서 로트레크와 드가(1839~1901)는 서로 비교되는 작가들이다. 한 세대 위인 드가는 로트레크가 존경하는 유일한 작가였다. 두 사람은 종종 공통된 주제를 그림으로 그려냈다. 서커스, 댄스, 경마 등이 그것들이다. 그런데 이것은 움직이는 것들이어서 특정한 순간을 포착한다는 측면에서 쉽게 접근할 수 있는 주제가 아니어서 당시의 다른 화가들이 쉽게 접근하지 못했다.

로트레크가 화가로 데뷔한 작품은 「물랭 드 라 갈레트에서」이다. 1898년 제5회 앙데팡당전에서 이 작품을 출품했다. 이 그림을 시작으로 어린 시절 '작은 보석'이라고 불리던 귀여운 소년은 어둡고, 소외되고, 사회의 가장 밑바닥이었던 창녀와 술집의 무희들과 서커스 하는 사람들 세계에 뛰어든다. 오늘날 로트레크를 생각하면 떠오르는 느낌을 이 무렵부터 그리게 된 것이다. 춤추는 사람들과 춤을 추기 위해 대기하는 사람들을 그린 이 그림 전체가 전경과 후경, 좌우의 긴장 관계에 의해 생생하게 살아있는 느낌을 준다. 유화물감을 수채화처럼 매우 엷고 빠르게 칠해 부분적으로는 스케치풍으로 표현했다. 특히 배경은 흔들리듯 그렸다. 이 그림의 모든 요소가 댄스클럽에서 일어나는 어느 한순간의 분위기를 잘 전달한다.

1년 후 로트레크는 다른 댄스홀의 모습을 좀 더 크게 그렸는데 손님들이 더 북적거리게 되었다. 그림을 통해 광고 효과를 톡톡히 보게 된 것이다. 「물랭루주에서 – 춤」은 1년 전에 그린 작품보다 더 성숙한 모습을 보여주는데 인물의 위치를 통해서 공간적인 깊이를 표현하고 있다. 관중에 둘러싸인 먹보 '라 굴뤼'와 뱀처럼 유연한 '발랑탱'은 화면 중앙의 왼쪽에서 춤을 추고 있는데 이 두 명의 카바레 배우는 물랭루주와 마찬가지로 로트레크를 통해 미술사에 이름을 남기게 된다.

19세기 말 파리는 세기말적 분위기가 엄습해 있었다. 그동안 축적된 자본에 의해 풍요로운 물질의 향락을 좇으며 사람들은 술집의 커다란 홀에서 램프의 노란 불빛을 받으며 환락에 빠져들고 있었다. 파리의 인근인 몽마르트르 물랭루주에서도 검은 실루엣의 손님들에게 둘러싸인 라 굴뤼와 발랑탱이 춤을 추고 있었다. 두 사람은 2년 전에 개점한 카바레에서 인기의 절정에 다다른 유명인이었다. 춤추는 이들의 모습을 로트레크는 「물랭루주의 라굴뤼」라는 작품 속에 담아냈다. 나색 석판화로 담아낸 이 포스터 속의 두 사람은 앞쪽에는 발랑탱의 반신상이 회색과 녹색이 섞인 실루엣으로 빛나고 있다. 스케치풍으로 그림자처럼 어둡게 그려진 발랑탱은 뒤에서 춤추고 있는 라 굴뤼의 일부를 가리고 있다. 라 굴뤼 이외에는 모두 실루엣으로 그렸지만, 로트레크는 그녀 역시 단순하게 작품 속에 교묘하게 집어넣었다. 윗부분에는 빨간색과 검은색 글씨로 매일 밤 무도회가 열리고 라 굴뤼가 공연하는 장소를 알리고 있다. 이 포스터가 파리의 거리에 나붙자 로트레크는 하루아침에 유명인이 되었다. 뿐만 아니라 인류 역사상 현대적인 상업 포스터가 본격적으로 출현하는 계기가 되었다.

로트레크의 포스터가 성공할 수 있었던 것은 대담성이라고 해야 할 것 같다. 매우 단순화한 상징적인 두꺼운 띠, 대상을 화면에서 잘라 일부만 표현한 특이한 구도, 밝은 바탕 위에 실루엣으로 그린 인물, 직선으로 그린 윤곽선 등으로 구성된 포스터는 멀리에서 봐도 눈에 띄었다.

1896년 로트레크는 화집 『여자들』을 파리에서 출판하였다. 이 화집은 매춘부의 일상생활을 그린 다색 석판화로 구성되어있다. 석판화집은 주제뿐만 아니라 감도가 높은 석판 인쇄매체를 사용했던 점이 획기적이다. 사람들의 눈길을 끌도록 강렬한 색의 대비로 디자인한 포스터와는 달리 미묘한 중간색을 선택했다. 명암의 변화와 평면적 구성은 선을 그려 넣어 음영, 양감을 나타내는 기법인 에칭과 무수한 작은 얼룩과 번짐에 의해 강조되어있다. 이 석판화집은 다색 석판화의 역사에서 영향력이 큰 작품이다. 동료 화가들뿐만 아니라 '나비파', 특히 뭉크는 그의 작품을 참조해서 미술사에서 중요한 위치를 차지한 독창적인 다색석판화를 제작했다.

로트레크가 파리화단에 처음 나타나 무도회장 등 밤의 환락가에 얼굴을 내밀 때 많은 사람이 그를 경멸했다. 아주 작은 키에 균형이 맞지 않은 신체는 모멸의 대상이 되었지만, 점차 화가로서 명성을 얻어가자 사람들은 더 이상 그를 무시하지 못했다. 이는 사람들의 차디찬 시선에도 아랑곳하지 않고 독창적이고 대가적인 자질을 통해 카바레는 물론 상업광고를 이용하는 업소나 가수, 무희들에게 영광을 갖다주도록 자신이 할 일만 묵묵히 하게 된다.

로트레크는 몽마르트르의 밤이 주는 환락적인 생활에 매력을 느껴, 1884년 이후 파리의 한구석에 거처를 장만했다. 몽마르트르가 예술적 주제와 영감을 제공하는 원천이 되었다. 자신의 가문이 가진 권위와 존엄에 반항했던 그는 여러 직업을 가진 사람들이 본능에 따라 생활하는 꾸밈없는 몽마르트르의 일상을 더 좋아했다. 귀족인 로트레크는 상류사회 사람들의 당당한 외관 밑에 숨겨진 관능과 욕망을 알고 있었다. 그는 성장이 멈춘 몸 때문에 여성에게 별로 인기가 없었다. 따라서 로트레크는 당연히 청춘과 재력을 누리며 쾌락을 즐기는 건강한 행운아들을 아웃사이더의 시각에서 바라보았다. 그가 몽마르트르의 클럽과 바에 몰두한 것은 무엇보다 세상사에 신경 쓰지 않고 극단적인 상황에서 덮치는 고독으로부터 스스로 달랠 수 있으리라 생각했기 때문이다.

카바레에서 술의 힘을 빌리거나 춤을 추는 것으로 밖에는 자신을 표현하지 못하는 사람들을 보면서 로트레크는 시각적인 욕망을 충족했다. 카바레의 활력, 에너지, 미녀, 세상의 밝게 빛나는 빛과 색깔을 경험하는 것은 더할 나위 없는 즐거움이었다. 그곳은 인위적인 세계지만, 인간의 자유로운 행동을 억압하는 일이 없기 때문에 진실하고 성실한 세계였다. 다른 예술가들이 수치스럽다고 생각했던 곳에서 로트레크는 자신의 본질을 찾았다.

1896년 옛 화우이자 화상을 한 적 있는 모리스 주아양이 파리에 있는 자신의 갤러리에서 전시회를 개최해주었다. 이 전시회에서 로트레크는 1893년에 파리의 매음굴에서 그렸던 그림을 선보였다. 로트레크는 매춘부들의 자연스러움, 꾸밈없는 솔직한 태도, 순진함, 평범함, 다정다감함, 유머 감각을 매우 즐거워했다. 그는 매춘부들에게 신뢰받고 있었기 때문에 관찰하는 것이 허락되었다. 이는 매춘부의 일상생활에 익숙해질 때만이 진실하고 거침없는 묘사가 가능할 것이라고 생각했기 때문에 매음굴로 들어갔던 것이다.

로트레크는 유화, 석판화, 드로잉에서 매춘부를 다양한 방법으로 표현하였다. 그는 그들을 비난하거나 조롱하지 않고 진지했다. 매춘부들이 손님 받기 전과 후에 시간을 보내는 모습, 식사하고 트

럼프를 치거나 동성끼리 가볍게 신체 접촉을 하는 일상을 그렸다. 매음굴은 다루기 힘든 주제였고 악평이 자자했다. 로트레크는 자신이 매음굴 그림의 선구자라는 것을 자각했고 이러한 그림을 후세에 남겼다. 그가 그린 창녀나 누드는 에로틱한 모습이 아니라 꾸밈이 없는 그대로의 모습이었다. 그에게 여성의 유혹적인 매력보다도 인간성을 발견하고 그녀들이 일상에서 느끼는 기분이나 생활 방식을 그리는 것이 더 중요했다.

그의 그림에서는 물감을 칠하지 않는 부분이 많다. 동시대인에게는 이러한 것이 미완성으로 보였다. 그래서 비난이 끊이질 않았다. 그러나 로크레크는 "그들은 내가 작품을 완성하기를 바라지만 내 눈에는 그렇게 비춰. 그들의 생각처럼 완성하는 것은 아주 쉬운 일이야." 이처럼 자신의 예술적 견해가 새로운 것임을 주장하곤 했다.

그동안 정열적으로 몸을 사리지 않고 그림을 그려온 로트레크는 하룻밤에도 여러 바를 전전하며 과음을 하는 등 몸을 쉬지 않았다. 그에게 술보다 즐거움을 주는 것은 없었다. 로트레크는 의심이 깊어져 친구에게조차 모욕적인 언사를 붓기도 하며 자신을 점점 고독으로 몰아갔다. 자제심을 잃고 다소 의도적으로 자기 파멸을 서둘렀다. 그러다가 불치병인 매독에 걸렸다. 로트레크는 육체와 정신의 고통을 잊기 위해, 소외된 인간으로서의 운명을 잊기 위해 점점 술을 많이 마셨다. 정신착란 증세를 보이기 시작하며 난폭하고 심술궂어져 갔다. 그러다가 1899년 거리에서 쓰러져 정신병원에 입원하였다. 이후 조금 몸이 나아진 듯했으나 죽음과 파멸로 향하는 그의 질주는 마침내 병세가 악화되어 1901년 9월 9일 오전 2시 15분에 37세의 생일을 지내지 못하고 죽고 말았다.

툴루즈 로트레크, 스타킹을 신는 여자, 1894년

로트레크의 기이한 운명과 중심부에서 소외된 사람들의 삶을 빠른 터치로 그려낸 회화 세계는 시인들의 시선이 머물기에 알맞은 소재와 주제이다. 로트레크의 삶과 예술세계를 시로 형상화한 시인으로는 이건청 시인이 있다. 이건청 시인은 「Melancholy」와 「山寺의 눈밭을 보며」라는 작품들이 있다. 이 두 편의 시작품은 모두 '앙리 드 툴루즈 로트렉에게'라는 부제가 달아져 있다. 부제가 암시하듯 모두 로트레크의 삶을 바라보는 시인의 시선이 느껴진다. 다만 「Melancholy」라는 작품은 로트레크의 삶과 예술이 한꺼번에 겹쳐지고 있다.

> 키 작은 남자 로트렉 선생, 당신이 가을로 낙엽이 하나 툭 떨어진다. 두 눈이 생략되어 있다. 아니, 검은 윤곽만 조금 남아 있다. 입술의 붉은 루주가 말라있다. 조금씩 균열이 나 있다. 바람이 부는지 귀밑머리 한쪽이 무너져 있다. 키 작은 남자 로트렉 선생, 보건소 앞에 창녀 하나 서 있다. 낙엽 하나 툭 떨어진다. 추운 세상 어딘가 창녀 하나 서 있다. 검은 스타킹 위쪽으로 치마의 한쪽을 치켜 올리고 있다. 치켜 올려진 치마 사이로 치모가 검게 드러나 있다. 보건 검사를 받기 위해 보건소 앞에 순서를 기다리고 있는 창녀, 치마를 치켜 올리고 서 있다. 검은 치모가 그냥 드러나 있다. 앙리 드 툴루즈-로트렉 선생, 키 작은 당신의 세상 속으로 낙엽이 하나 툭, 떨어진다.
>
> \- 이건청 「Melancholy」 전문

로트레크의 그림 속 인물들, 특히 그가 즐겨 그린 포스터 속의 인물들은 검은 선의 윤곽으로 구성되어 있다. 간결한 화면과 억제된 색채를 통해 메시지를 강렬하게 주고자 하는 의도가 반영되어 있는 것이다.

위의 작품에서는 로트레크의 특정한 작품을 지칭해 그림 속의 이미지나 내용을 시로 형상화했다고 할 수는 없지만, 로트레크 그림 속의 이미지들을 떠올린다. "검은 윤곽", "입술에 붉은 루주", "창녀", "검은 스타킹", "치마의 한쪽을 치켜 올리고" 등의 시적 표현은 로트레크의 그림 속에 나타난 이미지들이다. 「물랭루주의 라 굴뤼」, 「발랑탱과 왈츠를 추는 라 굴뤼」, 「다방 자포네」, 「잔아브릴」, 「물랭가의 응접실에서」, 「스타킹을 신는 여자」, 「거울 앞에 선 누드」 등의 작품이 그것들이다. 이러한 로트레크의 그림을 본 이건청 시인은 로트레크의 회화작품에서 이미저리를 갖게 된 것이 앞에서 열거한 시적 이미지로 변용하여 나타났을 것으로 짐작된다.

그러나 이건청 시인의 「Melancholy」는 말 그대로 비애나 우울에 빠진 로트레크라는 화가를 묘사하고 있다. "키 작은 남자", "귀밑머리 한쪽이 무너져 있다" 등은 로트레크의 신체를 형상화한 시적 표현이다. 로트레크는 실제로 152㎝의 작은 키와 15세 때 오른쪽 넓적다리뼈가 부서졌다. 그러므로 그의 소년 시절은 병마와 싸운 비애와 우울의 시간이었다.

그렇다면 이건청 시인은 이 작품에서 무엇을 말하고자 했는가. 그것을 알기 위해서는 먼저 "당신의 가슴로 낙엽이 하나 툭 떨어진다"의 의미를 파악해야 한다. 여러 가지 의미로 해석이 가능한 대목이다. 사계절 중 가을이 주는 의미로 생각해 볼 수 있을 것이다. 그러나 실제 가을이 지닌 뜻보다는 '가을'이라는 기표 속에 깃든 기의를 생각해보아야 한다. 당연히 가을엔 낙엽이 떨어질 것이므로 보다 깊고 상징적인 의미로 해석이 가능한 부분이다. 낙엽이 진다는 것은 '추락'과 '소멸'의 의미쯤으로 생각하여 이 작품을 이해해야 한다. 신체가 정상적이지 못해 정신병원에 입원하였다가

37세에 요절한 것이 로트레크의 삶이었기에 "당신의 가을로 낙엽이 하나 툭 떨어진다"고 말할 수 있다. 그의 삶이 불행했기 때문이다.

위의 시 속에서 "검은 윤곽", "입술에 붉은 루주", "창녀", "검은 스타킹", "치마의 한쪽을 치켜올리고" 등 로트레크 그림 속의 이미지들은 무희와 가수, 또는 창녀를 나타내는데 이들 역시 로트레크와 같은 소외된 사람들이다. 그러므로 이건청 시인은 왜소증이며 귀밑머리 한쪽이 무너진 로트레크와 오버랩시켜 동일화시켰다고 보아도 무방하다.

"입술의 붉은 루주가 말라 있"거나 "조금씩 균열이 나 있"는 것 또한 로트레크와 그의 그림 속에 등장하는 인물들과 하나가 되어 있다. 이렇듯 계속 로트레크 그림 속의 이미지가 로트레크 이미지를 꾸며주고 있는 이 작품에서 "보건소 앞에 창녀", "추운 세상", "검은 스타킹 위쪽으로 치마 한쪽을 치켜올리고 있"는 모습과 "치켜진 치마 사이로 치모가 검게 드러나 있"는 모습은 소외되고 열악한 환경에서 살아가고 있는 로트레크의 실존을 그려내는 이미저리로 작용하고 있다.

로트레크의 그림 속에서 나타나는 이미지와 다른 이미지들도 로트레크, 또는 '가수', '무희', '창녀' 등 소외된 사람들의 이미저리로 등장한다. "보건소 앞에 창녀 하나"는 로트레크의 그림에서는 나타나지 않는다. 그러나 로트레크의 그림 속 이미지인 '창녀'가 왠지 "보건소 앞에" 서 있을 것 같은 생각이 든다. 로트레크가 살던 19세기 후반에는 어쨌는지는 모르겠지만 오늘날 몸을 밑천으로 살아가는 사람들은 주기적으로 보건소에 가서 검진받는다. 19세기 말에 살았던 로트레크와 그의 그림 속에 살았던 사람들의 삶의 모습을 마치 몸을 상품화하여 오늘을 살아가는 여성들의 삶에 대비시킨 것처럼 느껴진다.

창녀들은 유일하게 로트레크만이 가까이서 자신들의 일상을 관찰하고 그림으로 나타내도록 허락했다고 한다. 그런 까닭에 그의 그림은 세상 사람들이 볼 수 없는 은밀한 사생활까지 그림으로 포착할 수 있었던 까닭이다.

이러한 배경을 둔 로트레크의 그림과 삶은 그림 속 주인공과 하나가 되어있다. 그러므로 로트레크와 그의 그림 속의 여성들은 동일성을 이룬다. 이건청의 「Melancholy」는 이러한 배경에서 시로 형상화된 로트레크의 실존을 그린 것으로 보아도 무방하다.

이건청 시인의 또다른 작품 「山寺의 눈발을 보며」 역시 이건청의 삶을 시인의 체험에 대비시켜 그림과 시가 서로 교합하듯 엮어진 작품이다.

> 앙리 드 툴루즈-로트렉 선생,
> 하루 종일 폭설입니다.
> 대웅전 가는 길, 부도 위에
> 수북이 눈이 쌓였습니다.
> 이 산에 살았던 어느 스님의
> 한 줌 재를 품은 돌 위에
> 오늘 밤에도 눈 내려 덮이겠지요.
> 절망을 찾아 남도 모악산
> 문풍지 우는 요사채에 몸을 누인
> 시인 하나, 당신 화집의
> 물랭 루주, 술집 여자들과 마주 앉습니다.
> 작부들은 키가 큽니다.

툴루즈 로트레크, 화장하는 푸플 부인, 1898년

로트렉 선생, 당신의 키 큰 여자들이
세상 춤판을 돌며
가쁜 숨을 쉬고 있습니다.
152센티미터 작은 키로 바라본
낮은 세상 높게 그리며
37년만 살고 간 로트렉 선생,
20여 년이나 세상을 더 산 시인,
뼈 하나 주체 못 하고
저물녘 눈발에 빠집니다.
산 너머가 바다랍니다.
언제쯤 이 눈 그치면,
아픈 뼈로라도 산 넘어
뻘밭 어딘가,
노을 깔린 소금밭에
몸을 뉠까 합니다.
앙리 드 툴루즈-로트렉 선생.

-이건청 「山寺의 눈발을 보며」 전문

이 작품을 쓴 이건청 시인이 한때 몸이 아파 모악산에 찾은 적이 있었던 것일까. 어쨌든 시적 화자는 "하루 종일 폭설"이 내리는 날 남도의 모악산을 찾았다. 화자의 진술에 의하면 "절망을 찾아 남도 모악산"을 찾았다고 한다. 그때 그의 손에 왜 로트레크의 화집이 들려 있었을까. 아니면 절에 화집이 있었던 것일까. 어쩌면 깊은 병에 빠져서 요양차 산사에서 머물렀을지도 모를 화자는 "대웅전 가는 길, 부도 위에/수북이 눈이 쌓"여 있는 폭설이 내린 날, 그래서 "이 산에 살았던 어느 스님의/한 줌 재를 품은 돌 위에/오늘 밤에도 눈 내려 덮"일 것이다. 눈은 길을 막아 고립하게 하지만, 더불어 눈은 형형색색의 풍경을 지우기도 한다. 눈 내리고 바람 불어 "문풍지 우는 요사채에 몸을 누"이고 로트레크의 화집을 바라보고 있는 사람은 병든 시인이다. 로트레크의 화집에는 "물랭 루주" 술집이 있고, "술집 여자들"이 있다. 시인은 그들과 마주 앉는다. 화집 속의 "작부들은 키가" 크다. 이에 반해 로트레크는 키가 작다. 그럼에도 불구하고 로트레크는 자신의 키 높이에서 "세상 춤판을 돌며/가쁜 숨을 쉬고 있"는 "키 큰 여자들이" 춤을 추는 것을 바라보며 "152센티미터 작은 키로 바라본/낮은 세상 높게 그"렸다. 왜소증의 작은 키이지만 절망하지 않고 자신처럼 절망의 구렁텅이에서 살고 있는 술집 작부들을 절망을 거둔 시선으로 바라본다. 그런 까닭에 로트레크는 세상 사람들의 조롱보다도 술집 작부들이나 창녀들과 있으면 마음이 편해지고 그들로부터 위안을 받았던 것이다. 어쩌면 로트레크는 그들에게서 동료 의식을 느꼈는지도 모른다. 소외된 사람들을 위해 그들의 삶을 진솔하게 드러내놓는 일만 하다가 37세의 짧은 나이로 세상을 떠나버렸지만, 그의 삶은 참으로 가치 있는 일이었다. 그런데 로트레크보다 "20여 년이나 세상을 더 산" 57세의 시인은 "뼈 하나 주체 못 하고" 병에 들었는지, 그래서 요양차 산사에 들었는지, 겨울 모악산을 찾아 요사채에서 "저물녘 눈발에" 갇혀 눈이 내리는 소리를 듣고 있다. 삶이 길든 짧든 가치 있고 의미 있게 살아야 하거늘 로트레크보다 20여 년을 더 산 시인은 자신보다 일찍 젊은 나이에 죽은 화가의 삶을 생각하고 있으니 그동안 아무것도 남긴 게 없는 '시인'이라는 허명이 부끄럽다고 자신을 성찰하고 있다. 그런 까닭에 폭설을 넘지 못하는 자신의 나약함에 절망하는 시인은 "언제쯤 이 눈 그치면,/아픈 뼈로라도 산 넘어/뻘밭 어딘가,/노을 깔린 소금밭에/몸을 뉠까" 한다. 시적 자아이며 화자인 시인이 찾고자 하는 절망은 모악산 산 너머 바다에 있다. 바다의 뻘밭 어딘가 노을 깔린 소금밭에 아픈 몸을 뉠 것이라고 한다. 시인은 산사에 와서 오래전에 세상을 떠난 이국의 비운의 화가를 생각한 이유는 절망하지 않기 위해서일 것이다. 그래서 그가 궁극적으로 얻고자 하는 절망을 찾아가는 역설적인 이야기가 아닐까 하는 생각이 든다. "소금"의 의미가 가치 있는 무엇이든 자신도 소금 같은 존재가 되고 싶다는 의미로 읽힌다.

로트레크의 지난했던 삶과 예술이 시간과 공간을 넘어 또 누군가에게 절망을 깨우치고 희망을 생각하게 한다. 시공간을 넘는 소통을 이끈 로트레크는 지금도 여전히 낡고 비루한, 소외되고 버림받은, 가난하고 가엾은, 어둠 속이거나 굴속 같은 데에서 사는 사람들과 함께 하고 있는 것이다.

오귀스트 로댕의 작품과 강인한·정끝별의 시

19세기 중반의 파리는 여전히 중세의 분위기를 간직하고 있었다. 그러다가 1853년에 시작해 1869년까지 도시를 가로지르는 대로를 놓고 새로운 건축들이 들어섰다. 이후 본격적인 근대미술의 신호탄이랄 수 있는 인상주의들이 나타났다. 인상주의의 등장과 함께 유럽의 문화 · 예술이 이탈리아 중심에서 프랑스로 옮겨오기 시작하고 있었다. 그러나 인상파 화가들과 동시대를 살고 있던 오귀스트 로댕(Auguste Rodin, 1840~1917)의 눈엔 상징주의에 비해 인상주의는 너무나 연약해 보였다. 보들레르, 랭보, 베를레느 등의 문학가는 암울하고 신비로운 정서로 표현했다. 19세기 말 유럽은 혁신적인 과학발전으로 사람들은 혼란스러워했다. 불안과 퇴폐의 정서가 만연했다. 예술계는 새로운 작품을 내놓아야 했고, 파리의 시민들은 지루한 작품에 대해서 혹평했다. 귀족, 부르주아들은 예술의 새로운 자극과 표현방식을 음미했다. 그들이 두려운 것은 권태였다.

로댕은 상징주의 작가들을 흠모하고 그 영향을 받았는데 특히 보들레르를 숭상한 나머지 보들레르의 시집 『악의 꽃』의 삽화를 그리기도 하였다. 로댕이 인상주의에 경도되지 않고 상징주의에 깊이 빠진 것은, 인상주의는 자연 속의 색채를 그리고 내면의 의미보다 대상이 보여주는 찰나를 포착해 그리려 했기 때문이다. 이에 반해 상징주의는 상징을 통해 현실 세계를 표현했다. 즉 감성의 세계, 질병, 죽음, 죄악, 정열, 고대 신화와 종교 등의 주제를 다루었다. 산업혁명 이후 과학 문명의 발전으로 사회 전반에 걸친 큰 변화와 실증주의 세계관의 확대, 종교와 윤리 기반이 흔들리고 니체가 '신은 죽었다'라고 선언한 것 등, 이러한 사회 변화의 흐름에 녹아든 세기말 정서로 인하여 유럽은 변화에 대한 기대와 미래에 대한 불안, 타락, 세계고(世界苦)적 비관론, 죽음에 대한 유희, 천박과 퇴폐의 문화 속에서 방황하고 있었다.

이렇듯 로댕은 변혁기의 정서와 정신을 조각을 통해 형상화했다. 그런 그를 제2의 미켈란젤로라고 칭했을 정도이니 그의 천재적 예술성은 근대 조각의 비조라고 할 만하다.

산업화로 변해가는 파리에 꿈을 좇아온 사람 중 한 사람인 로댕의 아버지 장 바티스트 로댕은 수도원 평수사의 옷을 벗고 파리에서 경찰서 하급 관리가 되어 마리 셔페르라는 여인을 만나 결혼하여 딸을 낳은 2년 후 로댕을 낳는다. 로댕은 윤리와 종교를 중요시하는 엄격한 가톨릭 집안에서 자라며 알렉상드르 기술학교에 진학한다. 그는 어린 시절부터 근시여서 눈이 안 좋아서 칠판의 글씨가 잘 안 보여 받아쓰기는 물론 라틴어, 수학 실력은 형편없었다. 그리고 말이 없고 운동장 한구석을 홀로 지키는 소년이었다. 그가 살던 동네 잡화상에서 주인은 잡지에서 뜯어낸 종이에 과일을 담아주곤 했는데, 어린 로댕은 구겨진 종이를 펴서 잡지의 사진을 따라 그리는 것이 유일한 즐거움이었다.

그런 그를 아버지는 아들이 공무원이 될 확률이 희박하다고 생각해 양조기술자가 되길 바랐지만, 로댕은 오직 미술가가 되는 것이 꿈이었다. 1853년, 루이 14세가 도시마다 세운 무료 미술학교에 등록한 로댕은 여전히 외톨이였다. 혼자 학교를 배회하다가 어느 날 계단을 올라 모르는 방문을 열었는데 이 평범하고 작은 사건이 그의 삶을 송두리째 바꾸는 계기가 되었다.

이때의 감동과 충격을 로댕은 훗날 다음과 같이 고백한다.

"그때 나는 처음 점토라는 것을 보았다. 마치 하늘을 날아가는 기분이었다. 나는 팔 · 다리 · 머리 · 발과 여러 작은 부분들을 만들어 보고, 다음으로 몸 전체를 만들어 보았다. 나는 이 모든 작업을 단번에 이해할 수 있었다. 그리고 그 능숙함은 지금과 견주어도 큰 차이가 없을 정도였다. 나는 희열에 빠져 정신을 차릴 수가 없었다." 어쩌다 낯선 교실 문을 열자 그곳에서 조각을 공부하는 사람들에게서 충격을 받고 조각에 입문한 로댕은 그때 조각가가 되겠다는 결심을 하고 부모를 설득하여 승낙을 받아냈다.

이후로 로댕은 경제적인 뒷받침이 안 되었어도 이에 굴하지 않고 20여 년 동안 자신의 목표를 향해 나아갔다. 돈을 벌기 위해 실내장식업자와 건축업자의 밑에서 일할 때 로댕이 엽형환식(葉形環飾)을 만드는 것을 보고 같이 일하는 소조공이 아주 납작하게 하여 늘어놓고 있는 것을 나무랐다.

"자네는 잎을 납작하게 만드는군. 그러니까 제 맛이 안 나지. 그건 부조(浮彫)야. 반대로 첨단을 자네 쪽으로 돌려야 하네. 그렇게 하면 환조(丸彫)가 되거든. 이제부터 조각할 때는 형체를 넓이로 봐선 안 되고 깊이로 봐야 하네. 물체의 표면은 어떤 양(量)의 일단으로 봐야지. 자네 쪽으로 향하고 있는 다소 넓이를 가진 하나의 첨단으로 보란 말일세. 이렇게 하면 살을 붙이는 묘체(妙諦)를 터득할 수 있지." 이때의 충고를 로댕은 평생 잊지 않았다. '깊이와 안까지의 거리, 입체의 양'이라는 요령을 갑자기 알게 된 것 같이 생각된 것이다.

로댕은 기능적인 작업이 계속되면서 학문에 대한 욕구가 강해졌다. 그는 글 읽는 법을 제대로 배우고 도서관에서 빅토르위고, 알퐁스 라마르틴, 쥘 미슐레 등의 문학을 탐독했다. 문학작품은 그에게 새로운 세계로 안내했다.

그런데 1861년 22세 때 누나인 마리아가 실연한 후 상처받아 정신쇠약 증세를 보여 수도원에 들어갔다가 2년 후 세상을 뜨고 마는 사건이 터졌다. 누나의 죽음으로 큰 충격을 받은 로댕은 슬픔에 빠져 조각을 멀리하고 은둔생활을 했다. 수도원에서 얼마간의 위안을 받은 로댕은 수도원을 떠나 일용직으로 일을 시작했다. 이때 로댕은 극장 외벽 여신상을 제작하는데 부근 옷 가게에서 일하는 어여쁜 처녀를 만나 사랑에 빠진다. 평생을 같이한 로즈 뵈레이다.

로댕은 르브링가의 마구간을 작업실 삼아 작업을 시작했다. 로즈가 처음 모델이 된 「미농」이 탄생한다. 그러나 로댕은 포즈 선택을 잘못했다고 생각하며 흡족해하지 않는다. 대신 비비라는 이웃을 모델로 삼은 인간의 비참한 내면을 표현한 「코가 부러진 사나이」에 대해서는 크게 만족해한다. 그 작품을 처음으로 살롱전에 출품했지만, 비방만 받고 낙선하고 만다.

그러나 조각가이자 상인인 벨뢰즈를 만나 그의 조수가 되었는데 그의 삶은 점점 나아지기 시작한다. 그가 참여해 제작한 벨뢰즈의 작품들이 비싼 값으로 팔려나갔기 때문이다. 벨뢰즈의 문하에서 그의 제자들이 제작한 작품에 벨뢰즈가 서명하면 작품이 완성되는

식이었는데 로댕이 작품에 자신의 이름을 서명한 사건이 생겨 해고되고 만다.

로댕은 홀로 선 후 라파엘로, 도나텔로, 미켈란젤로 등 거장들의 작품들을 탐구하기 위해 1875년부터 이듬해까지 이탈리아에 가서 거장들의 작품들을 만나고 돌아온다. 파리로 돌아온 로댕을 반긴 사람은 그를 해고해 버린 벨리즈였다.

1877년 로댕은 「청동시대」라는 작품을 살롱전에 출품했다. 그런데 자살하려는 모델을 직접 본떴다는 비평가들의 주장이 제기되어 세상의 관심이 집중되었다. 그럼에도 불구하고 유명한 조각가들이 그의 실력을 인정하여 위로가 되었다.

1881년 살롱전에 「세례 요한」이 3위로 입상한다. 정부에서는 그의 「세례 요한」을 사들인 데 이어 그가 평생을 바칠 「지옥의 문」을 의뢰하기에 이른다. 로댕의 명성은 쌓이기 시작했다. 로댕은 「지옥의 문」의 전체 구상을 그가 읽은 단테의 『신곡』, 보들레르의 『악의 꽃』에서 느낀 우울과 감탄의 감정을 표현하고자 했다. 이후 로댕은 「칼레의 시민」, 「빅토르 위고상」 제작 요청도 받는다.

이 무렵인 1883년 그의 삶 속에 카미유 클로델이 등장한다. 이때 그의 문하에는 많은 제자가 있었다. 스무 살의 카미유 클로델도 그중 한 사람이었다. 이후 두 사람은 로즈의 질투를 받으며 9년 동안 동거한다. 로댕의 작품 속에서 카미유 클로델은 「사색」, 「오오라」, 「지옥의 문과 저주받은 여인들」의 모델이 된다. 로댕은 카미유 클로델과의 애정행각 속에서도 로즈와는 끝까지 결별하지 않았다. 53년 동안 로즈와 동거한 로댕은 둘 사이에서 아이를 낳고 실질적으로 혼인 관계였다. 로댕은 로즈가 가엾어서일까, 1917년 초 결혼식을 올린다. 그리고 2주 후 2월 로즈가 세상을 떠나고 11월

17일에는 로댕 역시 세상을 떠난다.

로댕은 평생 인체를 조각했다. 특히 누드의 여체를 조각했는데, 그가 여인의 누드를 형상화한 것은 그의 신념 때문이었다.

"나는 자연을 미화시키려는 것이 아니다. 나는 인간 이외에는 대상으로 삼고 싶은 것이 없다. 인체가 만들어내는 형상은 나에게 다가와 나를 압도해 버린다. 나는 나체를 보면 끝없는 찬미와 깊은 경외심을 느낀다."라고 고백한 것에서 알 수 있듯 로댕은 여성의 몸에서 예술적 에너지를 얻었다. 이렇듯 여인의 누드에서 무한한 아름다움을 느낀 로댕은 한 번은 작업이 끝나자마자 사다리에서 내려와 아직도 나체로 누워있는 소녀에게 달려가 배 위에 입을 맞췄다. 그리고 눈을 감고 진실한 표정으로 소녀의 아름다움에 감사를 표하고 찬사를 보내기도 하였다.

그래서일까. 여인의 아름다움을 찬미하고 여인을 숭배했던 로댕은 여인들이 애정 어린 눈길만 주어도 마법에 걸린 듯 곧장 여인의 품으로 뛰어들곤 했다. 그런 까닭에 관능적인 자세로 모델로 선 여인들의 은밀한 부위까지 깊숙이 파고들어 작품으로 형상화했는데, 「신의 전령 이리스」가 그 대표적인 작품이다. 쿠르베가 '세상의 근원'이라고 말한 그것을 로댕은 '영원한 터널' 혹은 '판 신의 재래'라고 불렀다. 이러한 경향은 그가 남긴 수많은 드로잉에도 잘 나타나 있다. 여성을 신성시하여 종교처럼 생각한 로댕을 위해 이사도라 덩컨은 그의 앞에서 나체로 춤을 추기도 했다고 한다.

여성성을 잘 형상화한 작품 중 「영원한 우상」은 여성의 아름다움을 신성화시킨 것으로, 그는 고결한 여성 이미지뿐만 아니라 육욕을 탐하는 여성의 모습도 좋아했다.

로댕은 참으로 천재적인 위대한 예술가이다. 새로운 조각 예술의 장을 열었다고 평가할 수 있다. 그 무렵 유럽에서는 여인을 조각하는 경우가 드물었다. 지금껏 납치, 정복, 혹은 함께 죽은 모습 등의 상황을 담고 있었지만, 로댕은 사랑을 큰 주제로 삼았다. 남녀의 입맞춤, 낭만적이거나 대담한 자세로 포옹하는 모습을 형상화했다. 특히 「입맞춤」, 「달아나는 여인」은 당시 시각으로는 외설스럽다는 비판을 받을 정도였다. 그의 조각에는 강력하게 발언하는 그 무엇이 있었다. 그것들은 육신처럼 고동치고 있었는데, 부드럽고 차가운 관능적인 온기, 부드러운 덮개 아래 암시적으로 드러나는 해골의 섬세한 결, 남성의 힘과 여성의 나긋함을 나타내는 뼈와 근육의 절묘한 구조를 감각으로 느끼고 작품으로 형상화했다. 여성의 아름다움을 표현한 그의 작품은 언어로 표현할 수 없는 인간의 원초적인 감정인 관능의 소리를 전하고 있는 것이다.

오귀스트 로댕, 칼레의 시민, 1885년

로댕의 조각작품으로 우리에게 가장 잘 알려진 것으로는 「생각하는 사람」과 「칼레의 시민」, 「발자크」, 「지옥의 문」 등이 있다. 그런데 시인들은 주로 「칼레의 시민」을 시로 형상화하고 있다. 우리나라 시인들이 「칼레의 시민」을 시적 모티브로 삼은 것은 그것이 지닌 상징성 때문이라고 생각된다. 칼레시가 처했던 역사적 사건 속의 용기 있는 시민들과 광주민중항쟁 때의 시민군들이 칼레, 또는 광주를 지키기 위해 희생을 자처했기 때문이다.

강인한 시인과 정끝별 시인은 모두가 전라도 시인으로 누구보다도 1980년 5월 18일의 상흔을 가슴 깊이 간직하고 있을 터, 로댕의 「칼레의 시민」에서 광주의 시민군들을 떠올렸을 것이다.

전라도의 오월 하늘입니다
마약처럼 우울합니다
어디선가 아스라이
울음소리 떼 지어 들려옵니다
한 사람의 눈물이 칼에 찔리고
두 사람의 눈물이 구둣발에 뭉개지고
열 사람, 백 사람의 눈물이
박살난 채 내던져지는
이것은 꿈입니다
벙어리들이 울고 있습니다
멍든 심장에 쇳덩이를 무겁게 매달고
수천수만의 벙어리들이 모여
한 덩어리로 울고 있습니다
벗기어진 알몸인 채
두 손이 묶여 있습니다
어디론가 아스라이

강철의 불길 속으로 끄을려가는
피투성이 울음소리, 울음소리
아닙니다
이것은 꿈입니다
밤이면 밤마다 꽁무니에 불을 단
총알이 날고
유리창 밖에 죽음이 서성이는
오월의 전라도 광주
아카시아 향기가 저주처럼 풍기는
철길엔 열차가 끊어지고
시외전화도 끊겼습니다 아아, 형님
보고 싶은 누님
여기는 지도에 없는 섬입니다
허공에 떠 있는 섬입니다
내려갈 길은 보이지 않고 올라오는 길도
지워져 버린
오월은 아직 이승의 계절입니까
말 못하는 벙어리들 피 묻은 울음소리를
당신들은 들을 수가 없습니다
별보다 먼 나라에
그리운 당신들의 안부가 있습니다
까마득한 하늘에서는 알 수 없는 삐라가
칼춤 추며 까물까물 내려오는데
쇠사슬에 묶인 칼레의 시민들은
오늘 다시 이 땅에 청동의 발걸음을 내어딛는데
햇볕만이 침묵으로 타는 학교 둘레
돌담에 기대어
장미는 핏방울로 툭툭 피어나도 좋습니까

아닙니다, 아닙니다, 아닙니다,
이것은 꿈입니다 아득한
석기시대 야만의 꿈입니다.

-강인한, 「이것은 꿈입니다 -칼레의 시민들」 전문

로댕은 1885년 초 칼레시에서 「칼레의 시민」 기념비를 제작하여 최고의 조각작품으로 만들어 달라는 요청을 받는다. 칼레시에서는 영국의 왕 에드워드 3세가 칼레시를 포위하고 나서, 목숨을 걸고 그에게 도시의 열쇠를 줄 희생양을 요구했을 때 제일 먼저 나선 외스타슈 드 생 피에르만 한 사람의 기념상을 만들고자 했다. 그러나 로댕은 희생양으로 자원한 여섯 명의 용감한 시민들을 모두 조각으로 형상화하려 했다. 이 때문에 로댕은 칼레시와 충돌이 있었지만 결국 로댕은 칼레 시민 6명을 조각한다. 그때까지의 관행으로는 단 한 명의 영웅을 내세우는 것이 관례였지만 로댕은 용감한 여섯 명의 칼레 시민을 영웅으로 형상화시킨다.

화자는 "이것은 꿈입니다"라고 소리친다. 그러나 1980년 군부독재 세력이 짓밟은 광주의 현실을 그렇게 믿고 싶었겠지만 "전라도의 오월 하늘"은 "마약처럼 우울"하고 "울음소리 떼 지어 들려"올 뿐이다. 이 작품은 짧지 않은 것이지만 전라도의 비극을 반추한 후 "이것은 꿈입니다"를 반복하는 지극히 단순한 구조의 시편이다. "칼에 찔리고", "구둣발에 뭉개지고" "두 손이 묶여 있"고 "불길 속으로 끄을려가"고 "총알이 날고" "죽음이 서성이는/오월의 전라도 광주"의 현장에선 "수천 수만의 벙어리들이 모여/한 덩어리로 울고" 있음을 보여준다. 이러한 역사적 사실은 600여 년 전 영국 에드워드 3세에게 짓밟힌 프랑스 칼레시의 시민들과 견줄 수 있는 상황과 크게 다르지 않다. 칼레시에서 여섯 명의 용기 있는 영웅들이 칼레시를 구하겠다고 죽음을 자청한 것처럼 전라도 광주에서도 "오늘 다시 이 땅에 청동의 발걸음을 내어딛는"다. 바로 이 부분이 칼레 시민들과 광주 시민들이 만나는 지점이며 로댕과 강인한 시인이 만나는 시적 동일성을 이루는 지점이다. 그런데 "햇볕만이 침묵으로 타는 학교 둘레/돌담에 기대어/장미는 핏방울로 툭툭 피어나"고 있다. 광주민중항쟁 당시 광주에서 교직에 있던 강인한 시인의 시적 상상력의 배경이 되어주는 부분이다. 그러나 화자는 그것이 "아닙니다, 아닙니다, 아닙니다,"라고 부인한다. "석기시대 야만의 꿈"이라고 광주를 짓밟은 군부독재 세력의 야만성을 고발한다.

광주의 오월을 현장에서 목격한 강인한 시인에게 이 사건은 비인간적이고 야만적이어서 도저히 참을 수 없었을 것이다. 그럼에도 나약한 학교 교사인 시인은 너무나 무력한 빈손뿐이어서 유일한 무기랄 수 있는 분노의 시를 쓸 수밖에 없었던 것이다.

이 작품은 5 · 18 광주민중항쟁을 생생하게 증언하고 있다. "철길엔 열차가 끊기고" "시외전화도 끊"겨 "여기는 지도에 없는 섬"이어서 "허공에 떠 있는 섬"이어서 "내려갈 길은 보이지 않고 올라오는 길도/지워져 버"려 광주가 얼마나 고립무원의 절해고도 같은 상황이었는지를 보여준다. 그리고 "오월은 아직 이승의 계절"인지를 반문하고, "별보다 먼 나라에/그리운 당신들의 안부"를 물으며, "까마득한 하늘에서는 알 수 없는 삐라가/칼춤 추며 까물까물 내려오"는 광주에서 시민들이 공포와 불안 속에 갇혀있었음도 증언한다.

강인한 시인의 「이것은 꿈입니다」는 광주의 비극성을 절규한 피로 쓴 작품이다. 많은 사람이 희생당하면서도 광주를 지켜낸 광주 시민들의 용기가 로댕의 「칼레의 시민」을 만나 용감하고 정의로운 시민들의 모습을 되살리고 있다.

지금껏 살펴보았듯 광주민중항쟁 당시의 광주 시민들의 비극성과 더불어 광주를 지키고자 했던 용기에 초점을 맞춘 작품이라면, 정끝별의 「칼레의 바다」는 주로 칼레의 시민들에게 초점이 맞춰져 있다. 그러면서도 이 작품은 광주 시민과 칼레의 시민들이 만나는 지점을 마련하고 있어 두 도시의 비극성과 영웅적인 시민들을 노래하고 있다.

1. 나는 밤이면 달팽이,
달이 될까 별이 될까
쑤물쑤물 방 한구석에서 빨래감이 썩어가고
내가 처음 바다를 만난 것은 오월이었고
아이들이 해당화와 함께 뒹굴던
칼레의 해변, 바다가 함성을 지르고 일어나
내 가슴 속에서 자라고 있었다
칼레의 오월, 내 가슴 속에 자라던 바다
나는 그 오월 매일밤 바다를 만나러 갔다

2. 우울한 전진,
목에 밧줄을 걸고 시의 열쇠를 든 맨발의 제1인이
두 손을 부르르 떨며 분노하는 제2인이
가야만 한다,동지를 이끄는 빛나는 제3인이
아직도 결심할 수 없는 제4인이 너무 빠르게
아내와 딸 생각에 머리를 파묻고 5인이
확고한 걸음걸이로 제6인이 걷는다,

3. 가자, 바람 속을 가야만 한다, 가자,
목이 터져라 소리를 지르고 돌팔매
기름 먹인 솜에 불을 붙여 던지기도 하지만
어떤 외침도 돌도 기름병도
우리를 가두는 총과 방패 앞에
수북히 쌓일 뿐, 다시 새벽이면
새끼 몇 발을 꼬아들고 떠나는 이웃들

4. 시민이여, 무기를 들라,
그때 그리고 그때마다
화해와 용서로 평화를 말했을 때
실은 야합과 기회를 말한 것이었다
필사적으로 이상적으로
현실을 위해서라고, 그러나 여긴 여전히
무서운 밤 밤마다 또아리를 틀고
내 가슴을 묶는 밧줄이 보였다

5. 해당화, 청어가 많이 나는 칼레,
오월 바다는 청어들의 세상
해마다 바다의 생살을 째고
두 손에 묻어나는 청어의 비린내
그게 참, 안개 젖은 풀밭을 깨우는
햇빛은 아니었을까
내 모래 가슴을 파고드는
해당화는 아니었을까, 몰라
칼레의 해당화는 피처럼 피고

6. 쏴쏴쏴 칼레의 바다가,

짭짜름한 소금기로 밀려왔다
밤이면 심한 어둠이 내리는, 여기의
청어는 아직 작고 비릿하지만
꽃이 될까 새가 될까
청어떼처럼 波紙들이 밀려다니는 웃목
칼레 바다의 길목에 서서
나는 바다 밖에 있었다
수평선이 가슴까지 덮쳐오는 오월에

-정끝별, 「칼레의 바다」 전문

칼레와 광주의 역사적 사실을 따라가며 의미를 되살리고 있는 이 작품 속에 역사에 대해 눈 떠 가는 화자의 자아가 녹아있다. 화자가 "칼레의 오월"로 상징화시킨 광주민중항쟁 때 화자의 가슴 속에 바다가 자라고 있었다고 고백한다. "내가 처음 바다를 만난 것은 오월"이었다는 이 진술에서 보듯 화자는 "바다"로 은유화된 역사의식의 눈뜸이 있었다. 그 바다는 "아이들이 해당화와 함께 뒹굴던" 바다였지만, 시민들이기도 한 "바다가 함성을 지르고 일어나/내 가슴 속에서 자라"시 시작한다. 칼레시를 구하겠다고 일어선 여섯 명의 영웅과 군부독재에 맞서 일어난 광주 시민들의 정신이 화자의 정신을 일깨웠기 때문일 것이다.

두 번째 연에서는 칼레 시민 여섯 명의 모습이 그려져 있다. "목에 밧줄을 걸고 시의 열쇠를 든 맨발의 제1인", "두 손을 부르르 떨며 분노하는 제2인", "동지를 이끄는 빛나는 제3인", "아직도 결심할 수 없는 제4인", "아내와 딸 생각에 머리를 파묻은 5인", "확고한 걸음걸이의 제6인"의 모습이 그려져 있는 분노하기도 하고, 결심하지 못하고, 가족을 생각하거나, 확고한 결심에 찬 사람들의 모습에서 나약한 인간의 내면, 또는 분노하는 사람의 내면이 엿보인다. 이는 칼레 시민만이 그러하지 않았을 것이다. 죽음 앞에 선 평범한 인간의 모습은 광주 시민들도 마찬가지였을 것이다.

그러면서도 시민들은 "우리를 가두는 총과 방패"를 두려워하지 않고 바람 속을 간다. 마침내 시민들이 무기를 들었을 때 그것이 "현실을 위"한 것이라고 하지만, 여전히 "무서운 밤 밤마다 또아리를 틀고/내 가슴을 묶는 밧줄이 보였다" 화자 역시 한없이 나약한 인간이기 때문이다.

칼레는 영국과 프랑스 사이 도버해협에 있는 프랑스의 항구도시이다. 오래전부터 청어를 잡아 살아가는 사람들이 살아가는 마을이었다. 칼레의 바다, 그 바다 밖에 화자가 있었다고 고백한다. 영국군과 프랑스군이 크게 싸웠을 그 바다는 화자의 의식 속에 있는 바다로 생명의 바다이기도 하다. 칼레의 바다는 도버해협에 있는 다나이드에서 유린당할 때 죽음을 무릅쓰고 일어선 칼레 시민들과 광주 시민들이 지키고자 했다. 그러므로 칼레의 바다는 우리가 지켜야 할 청어 떼처럼 팔딱이는 생명이 깃든 바다이기도 하다. 그런데 화자는 "칼레 바다의 길목에 서서/나는 바다 밖에 있었다"고 자신의 용기 없음을 솔직히 고백하기도 한다. 그럼에도 화자는 죽음으로 생명을 구하고자 하는 정신을 이 작품을 통해 지지하고 있는 것이다.

앤디 워홀의 미술과 이규리·강경호의 시

제2차 세계대전 이후 경제적 자신감이 회복되면서 소비지상주의가 대두되었다. 대량생산체제와 대중매체도 급속히 발전했다. 이 무렵 팝아티스트들은 만화 · 돈 · 잡지 · 신문 · 유명 인사 · 광고 · 패스트푸드 · 초상재 · 대중음악 · 텔레비전 · 할리우드영화 등의 상업적 이미지와 대상을 활용하여 당대 대중문화에 대한 매혹을 공유하기도 하고 비판하기도 하였다.

팝 아트는 1950년대 중반에 시작되어 1960년대 중반까지 절정에 달했는데, 포스트모더니즘이 창조적으로 최초로 발현된 시기였다.

팝 아트는 단일한 작업 과정이나 방식, 통일된 양식이 있는 것은 아니었지만 미술에서 생소했던 재료들로 만든 입체조형물 · 복사 · 판화 · 회화 · 사진 · 콜라주 등을 주로 사용하였다. 이처럼 저급한 소재로 미술작품을 만드는 방식에 경악을 금치 못하는 평론가들도 많았다. 그러나 팝아티스트들은 편협하고 엘리트 중심적이던 미술의 향유 범위에서 끄집어내어 현대의 물질주의적이고 소비지향적인 세계에 관심을 가졌다.

팝 아트는 처음부터 미술사조로 출발한 것은 아니다. 자본주의 사회의 대량생산을 통한 물질주의와 소비지향주의를 탐닉하거나 비판하는 사회의 흐름이었다.

미술계 최초의 팝스타는 앤디 워홀(Andy Warhol, 1928~1987)이다. 워홀은 1928년경 체코슬로바키아 이민자의 아들로 미국 펜실베니아 피츠버그에서 태어났다. 피츠버그의 카네기 공과대학에서 산업디자인을 전공한 후 뉴욕으로 진출하여 잡지 일러스트레이터와 광고 디자이너로 일하였다. 《글래머》《보그》《하퍼스바자》와 같은 패션잡지의 광고를 고안하는 전문적인 그래픽 디자이너로 성장하여 크게 성공하였다. 그가 즐겨 이용하는 드로잉 기법은 매우 섬세하였다. 1956년 매디슨 애비뉴의 전시회에서 완전히 금색 구두 연작이 전시되었고 이것은 흥미를 느낀 심리학자들의 굉장한 관심을 이끌어냈다.

그럼에도 불구하고 워홀은 '위대한 예술가'로 성공하고자 하였다. 특히 르네상스 시대의 작품들에서 깊은 감동을 받아 자신의 이미지를 만들었다.

1950년대 말, 워홀은 캔버스에 작품을 그리기 시작했으며, 광고와 뉴스 표제 기사, 연재만화 등 매스미어에서 소재를 찾았다. 1960년대 초 배트맨, 슈퍼맨 등 만화 속 인물에 대한 연작을 제시하면서 팝 아트 운동에 동참했다.

이때까지만 해도 워홀은 예술가로 크게 주목받지 못했다. 그는 곧 일상적인 소비재, 달러 지폐, 유명인의 초상화 등을 제재로 삼았는데 주로 실크스크린으로 표현하였다. 이후 「캠벨 수프 통조림」, 「2달러 지폐들」을 제작하면서 주목받기 시작하였다. 더불어 소비재들과 마릴린 먼로, 엘리자베스 테일러, 엘비스 프레슬리 등

대중문화의 아이콘이 된 할리우드 스타들의 스틸 사진을 잘라 다양한 크기에 다양한 색깔을 입혀 대량으로 복제하였다. 워홀은 인물의 내면이나 성격을 드러내는 초상화의 기능을 수행하는 데 관심이 없었다. 인물들을 대중문화와 소비문화의 산물로 보았기 때문이다.

기존의 미술뿐만 아니라 그때까지 한창 미술계에 유행하던 추상표현주의는 감정을 드러내는 데 주저하지 않았지만 앤디 워홀을 비롯한 팝 아트 작가들은 철저하게 감정을 억제하며 대량생산과 소비주의적인 세계의 본질을 드러내고자 하였다.

최초로 사진을 예술 속으로 끌어들인 사람은 워홀과 리히터이다. 사진에 예술적인 합법성을 부여한 것이다. 그들은 르누아르, 앵그르, 들라크루아, 그리고 19세기의 다른 화가들이 했던 것처럼 몰래 사진을 베끼지 않았다. 오히려 숨김없이 사용했으며 사진의 현실적인 부분을 작품의 구성요소로 사용했다. 사진은 그 자체가 지닌 지각의 패턴이 각인된 선들을 통해 감명을 주면서 물질을 바꾸고 현실을 여과시키는 매제였다.

이때 사진은 이미 사라진 어떤 그림 이미지보다도 우리의 눈으로 우리가 무엇을 보았는지를 보다 신빙성이 있고 거의 영구적으로 시각적 현실을 반영한다.

이를 반영한 것이 「제트기에서 129명 사망」이다. 이 작품은 직접적이거나 무의식적으로 현실을 묘사하려 하지 않았다. 실제로 일어난 재난에 관한 신문사진을 현실과 관객 사이의 중개자처럼 작용하는 매개물로 사용한 것이다. 사진은 뛰어난 신빙성 때문에 그것이 묘사하는 현실에 대한 신성한 증거와 같은 가치가 있다. 그러므로 이 작품은 사건이 지닌 비극성과 진실을 보여주지 않고 회화적이고 시각적인 이미지로만 가능하도록 하였다. 실제 사건에 대한 미디어의 태도에 존재하는 취약성을 드러낸 것이다. 워홀은 모든 사진이나 물건을 그 시대의 정신을 대표하는 것이 아니라 예술적인 가치가 될 수 있는 객체가 되도록 만들었던 것이다.

이러한 의도는 식품산업의 상표와 포장에 적용되었다. 캠벨수프, 펩시나 코카콜라 음료, 브릴로 비누 덩어리, 하인즈 케첩 등은 표준적인 생활과 삶의 방식을 보여준다. 이것들은 당시 사람들의 일상생활을 드러내고, 생산물의 규격과 집단의 식성, 음주문화와 더불어 소비재의 생산과 보존기준을 담아낸다. 테이블이나 상표가 작품 수준에 이르게 된 것은 워홀이 그것들을 캔버스에 집어넣어 예술적으로 승화시키고 슈퍼마켓에서 갤러리로 옮겨놓았기 때문이다.

작품에 사용된 물건들은 실제로 만들어진 것이지만 모든 기능으로부터 유리되어 있다. 워홀은 산업적으로 대량 생산된 기성품이 전환의 미학적 과정을 따르게 했다. 이와 같은 아주 작은 간섭이 물체의 특질을 바꾼다 해도 이 과정의 광범위한 범위와 깊이는 중요하지 않다. 물체들이 회화라는 매개물을 통해 재현될 때 이러한 변형은 필연적으로 일어난다. 그래서 작품이 코카콜라 병과 같은 3차원의 물체이든 1달러 지폐나 코카콜라, 하인즈 케첩, 캠벨 수프처럼 인쇄된 광고 같은 2차원 물체이든 관계없이 회화적 변형이 일어나게 하였다.

이전까지 화가들에게 원본은 매우 중요하였다. 그러므로 원본은 오직 하나일 뿐이었다. 그러나 워홀에게 원본이라는 개념은 아무것도 아니었다. 실크스크린을 통해 대량으로 제작한 작품들은 하나가 아니었다. 이는 산업사회에서 대량생산으로 복제된 상품들이 하나가 아니듯이 원본과 가짜의 구분은 없었다. 워홀의 작품들은 이러한 산업 시대의 특질을 반영한 것이다.

워홀은 팩토리라는 자신의 작업실을 마련했다. 그곳에서 그의 작품이 공장에서 대량생산 하듯 만들어진다는 것을 이미지화하여 작업실에 팩토리라는 이름을 붙였다. 실제로 그는 아트 워커를 고용해 작품을 대량 복제하였다. 바쁠 때는 자신이 고용한 아트 워커들에게 작업을 맡겼다. 그리고 작품에 서명하였다.

이전까지 예술작품의 원본이라는 개념을 생각할 때 워홀의 행동은 비난받을 수도 있겠지만 산업사회와 대중문화를 반영하는 그의 인식 태도는 그러한 사회 이미지를 소비하는 방식을 채택한 것이다.

앞에서 보았듯이 앤디 워홀은 물질주의를 지향하고 소비주의적인 대중문화를 매개로 하여 자신만의 독특한 예술세계를 구축했다. 특히 그는 지금까지 우리가 지켜왔던 예술의 순수성을 무너뜨리고 지극히 대중적이고 통속적인 것의 가치를 발견하여 예술로 승화시켰다.

워홀의 예술과 삶을 바탕으로 시를 쓴 시인으로는 이규리와 강경호가 있다. 이규리는 「앤디 워홀의 생각」에서 우리가 지금까지 소중하게 생각해 온 '사랑'마저 일회용 소비재로 여기는 세태에 대해 성찰하고 있다. 강경호 역시 「앤디 워홀의 사랑」에서 '사랑'의 의미를 되새기며 인간의 탐욕을 성찰하고 있다. 이들 작품은 워홀의 작품의 배경이 된 물신주의와 소비주의를 지향하는 오늘 우리들의 초상을 그려내고 있다는데 모두 공통점을 보인다.

앤디 워홀, 꽃, 1970년

내가 빌렸던 입술, 내가 빌렸던 꽃잎,
내가 빌렸던 손,
내가 빌렸던 여자
한데 쏟아 넣고 보글보글 끓이면 농심라면이다
퉁퉁 불어터진 면발과
식은 국물로
허기를 채우던 밤은 이제 가라

빼곡한 세상의 진열대
복제된 사랑 안에서 오늘 누가 울고 있나
추억도 나날이 소비되는 것
신제품에 밀려 구석진 곳에서 먼지를 쓰고 있는
저 느렸던 날들의 행복에 대해선
이제 말하지 말자
나는 나를 믿을 수 없다
굳기름 둥둥 떠다니는 치사한 연애는
이제 내다버려라
쇼핑백 속 훌쩍거리는 비애덩어리들
지상이 화면을 빠져 나가면
대량 생산된 사랑 코카콜라처럼 마셨던
여름이 있을 뿐

-이규리, 「앤디 워홀의 생각」 전문

이규리 시인은 앤디 워홀의 그림에서 오늘날 쉽게 소비되는 '사랑'을 연상했을 것이다. 이 작품에서 화자는 앤디 워홀이다. 앤디 워홀이 서정적 자아가 되어 일인칭으로 독백하는 형식을 취했다. 시인은 현대인의 일상이 배어있는 대중문화에 나타난 현상을 하나의 이미지화시킨 워홀의 시각으로 세계를 바라보고 있다. 물론 워홀의 시각은 오늘을 살아가는 우리의 모습이기도 하다. '나'는 "입술"과 "꽃잎"과 "손", 그리고 "여자"를 빌렸던 주체이다. 화자가 빌린 것들은 물건이 아니므로 빌릴 수 없는 것들이다. 상품이 넘쳐나는 시대에 그것들을 소비의 대상으로 여겨 살아온 화자는 진정한 사랑을 갈구하고 있다. 그동안 화자는 "퉁퉁 불어터진 면발과/식은 국물로/허기를 채"워왔다. 이것들은 실제의 "면발"과 "국물"

일 수도 있지만 화자는 '진정한 사랑'이 부재한 세상을 은유적으로 형상화한 것이다. "빼곡한 세상의 진열대"에는 "복제된 사랑"이 가득하지만, 그것은 진정한 사랑이 아니다. 그러므로 사랑이 그리운 오늘 누군가 울고 있다. 비록 "신제품에 밀려 구석진 곳에서 먼지를 쓰고 있는/저 느렸던 날들의 행복에 대해선/이제 말하지 말자"고 한다. '욕망'으로 상징되는 "신제품"보다 더욱 소중한 것은 신제품에 밀려 구석진 곳에서 먼지를 쓰고 있는 것들이다. 그때는 "느렸던 나날"들이기 때문이다. 주지하다시피 자본주의 시장경제 시스템에서는 신제품만이 경쟁할 수 있는 상품의 가치를 지닌다. 그러므로 오래된 것들은 상품 가치가 없다. 가장 가치 있는 것은 사랑도 아니며 오직 "신제품", 즉 물질적 가치일 뿐이라는 자본주의에서 진정한 사랑, 다시 말해 행복은 속도와 신제품에 밀릴 수밖에 없다.

이렇듯 물질적이고 상품 가치적인 탐욕을 좇아온 화자는 "굳기름 둥둥 떠다니는 치사한 연애"를 해왔다. 그러므로 "나는 믿을 수 없다"고 역설적인 화법으로 진정한 사랑을 갈구하고 있다. 또한 욕망을 소비하기 위해 "쇼핑백 속" 가득 상품을 채웠지만, 이제 화자의 인식은 그것들이 "훌쩍거리는 비애덩어리들"로 여겨지고 "대량생산된 사랑 코카콜라처럼 마셨던/여름"이 후회스러울 뿐이다.

강경호는 워홀의 특정 작품에 대한 자신만의 이해를 시로 형상화하지 않았다. 워홀이 추구했던 예술의 지향을 '사랑'이라는 주제에 대입시켜 사랑이 결핍된 현대인의 초상을 그려냈다. 이규리 시인처럼 쉽게 소비되고 유통되는 오늘날의 사랑이 앤디 워홀의 그림이 주는 메시지에서 읽어낸다.

앤디 워홀, 캠벨 수프, 1968년

복사는 온기가 없어 창조가 아니다
너훈아는 나훈아가 될 수 없고,
공장에서 대량으로 찍어내는 물건들과
인쇄기가 찍어내는 지폐들은 온기가 없다
그러므로 탐욕스럽다

식욕은 통조림과 우유를 복사하고
토마토와 델몬트를 복사하고
비만과 관음증인 나는
마릴린 먼로와 재키 케네디를 복사해왔다

사랑이여,

먼 길을 돌아온 나는 이제 너를 복사하려 한다
아버지와 어머니가 그랬듯이
네 생각이 날 때마다 한 장씩 꺼내면 온기가 전해져서
날마다 너를 껴안고
너의 입술에 내 입술을 포개어
너를 사랑하는 뻔한 짓에 질리지 않으며
너를 닮은 아이들을 복사하는 것은
그것이 생명의 고리이기 때문이다

나무가 수만 년 자신을 복사하고
짐승들도 원본을 복사한다
그러므로 사랑이 깃든 복사는
생명이 진화하는 일이다

-강경호, 「앤디 워홀의 사랑」 전문

이 작품 역시 워홀의 입을 빌려 일인칭 화법으로 '사랑'을 노래했다. "복사는 온기가 없어 창조가 아니다"는 지금껏 보여온 예술에 대한 일반론이다. 그런데 워홀은 예술작품을 제작하는 공장을 마련하고 직원들을 채용하여 작품을 생산하였다. 그리고 실크스크린이라는 인쇄기법을 이용하여 대량으로 작품을 만들었다. 특히 대량생산되는 상품이나 신문 등을 왜곡시키지 않고 그대로 이용하여 실사하는 매우 획기적인 발상은 많은 비평가에게 혹평 받기도 하였다. 이러한 배경을 염두에 두고 시인은 "복사는 온기가 없어 창조가 아니다"고 시의 도입부에서 말문을 연다. 산업사회에서는 대량생산되는 상품들을 판매하여 수입을 올리는 것이 목적이다. 여기에서 시인이 하고 싶은 메시지는 원본을 중요시하는 예술의 일반론을 통해 따스한 사랑의 의미를 되새기고자 한다. 그럼에도 불구하고 화자는 "너훈아는 나훈아가 될 수 없고,/공장에서 대량으로 찍어내는 물건들과/인쇄기가 찍어내는 지폐들은 온기가 없다"고 한다. 그것들이 모두가 탐욕스럽기 때문이다.

이어서 화자는 "식욕은 통조림과 우유를 복사하고/토마토와 델몬트를 복사하고/비만과 관음증인 나는/마린 몬로와 재키 케네디를 복사해왔다"고 고백하며 탐욕스럽게 살아온 자신을 후회하며 성찰한다.

그런데 화자는 '사랑'을 간절하게 부른다. "먼 길을 돌아온 나는 이제 너를 복사하려 한다"고 한다. 지금까지 우리가 알고 있는 '복사'는 온기가 없어 사랑에 차갑고, 자신만을 생각하는 탐욕스러움의 수단이었지만, 화자가 복사를 하려는 것은 '사랑'이다. 사랑은 많이 복사할수록 뜨겁고, 타자를 생각하기 때문이다. 마치 복사기에서 대량으로 복사하듯 사랑을 복사하겠다는 마음은 우리가 궁극적으로 지향하는 바여서 매우 긍정적이다. 껴안고, 입 맞추는 사랑의 행위는 뻔한 것이지만 질리지 않는 것으로, 그 사랑이 낳은 아이들을 낳겠다는 의지는 "그것이 생명의 고리이기 때문이다" 이는 "나무가 수만 년 자신을 복사하고/짐승들도 원본을 복사한다/그러므로 사랑이 깃든 복사는/생명이 진화하는 일이다"고 말할 수 있는 것이다.

조르주 쇠라의 그림과 나희덕·정선우·이성렬의 시

본격적인 근대미술의 시작을 인상주의로부터 시작된다. 이전까지는 실내에서 관념을 그렸지만, 인상주의자들은 햇살이 내리쬐는 강가나 들판에서 시시각각 변하는 사물을 직접 그리기 시작했다. 그런데 인상주의를 막 내리게 한 사람은 인상주의의 마지막 전시회에 참가한 조르주 쇠라와 폴 시냐크였다. 인상주의의 좌장이라고 할 수 있는 피사로가 두 젊은 화가를 참여시키자 모네, 르누아르, 시슬레, 카유보트 등이 이를 반대해 작품을 철회했고, 인상주의 그룹은 해체되었다. 그러자 언론들은 인상주의를 시대에 뒤떨어진 낡은 사조로 기사화했고 쇠라와 시냐크를 새로운 양식의 대표주자로 보도했다. 두 사람에게는 '신인상주의 화가'라는 별칭이 붙었다. 1884년은 인상주의가 막을 내리고 신인상주의가 탄생하는 해가 되었다.

조르주 쇠라(1859~1891)는 파리에서 검소하지만 부족함이 없는 집달리 출신의 아버지와 예술적 감성이 뛰어난 파리 태생의 어머니 사이에서 태어났다. 1871년 가족 전체가 퐁텐블로에 내려가 살면서 풍경화에 대한 감각을 자연스럽게 잡을 수 있었다. 매우 평범한 교육을 받았으나 회화에 관심을 갖게 되면서 1875년 조각가 쥐스탱 르키앙에게서 미술을 배우다가 1878년 파리 국립미술학교인 에콜 드보자르에 입학하였다. 이곳에서 엄격한 아카데미즘을 배우게 되지만 그는 거의 독자적으로 제작했다. 또한 도서관에서 미술서적, 판화서적을 섭렵하여 고전의 거장이 이룬 연구에서 교수의 가르침에 저항할 수 있는 힘을 흡수하였다.

쇠라가 색채에 눈을 뜬 계기는 샤를르 브랑의 『데생술 입문』을 읽은 후부터이다. "색채는 확고한 법칙에 따르는 것이라고 이해하게 된다면 음악처럼 가르칠 수 있게 된다."고 한 샤를르 브랑의 신조가 그로 하여금 새로운 예술의 눈을 뜨게 해주었다. 군대를 마친 1880년 회화라는 것이 눈에 작용하는 예술이라는 점에 유의하여, 시각 현상을 철저히 연구하였다. 그것은 그가 그동안 기법에 관한 서적을 주의 깊게 읽고 파악하고 있었기 때문이다.

지적 호기심이 많은 쇠라는 기하학과 물리학에도 관심을 가졌다. 쉐브릴의 『아틀라스』를 통해 순수한 색이 점차 강도를 잃어 선명함을 잃는 것을 그림으로 나타내 색환(色環)에 대해 깊이 생각하였다. 특히 쉐브릴의 『색채의 동시 대조의 법칙』은 보색에 대한 모든 것을 분명하게 파악하게 해 주었다. 또한 쉬페르빌의 『예술에 있어서의 무조건적 기회에 관한 시론』은 "눈이라는 수단에 의해서 영혼의 기호를 전달할 필요를 느끼고 있다"는 것, "선은 말하고 또 의미를 전한다"는 것을 알게 되었다. 이렇듯 쇠라는 이론적인 부분에 대해 철저히 연구하였다.

데생 훈련도 게을리하지 않았다. 흑백의 데생을 많이 하여 콘트라스트를 제어하는 데 힘을 가지려 노력을 기울였다. 종이 표면의 미세한 요철에 크레용 콩테가 스치면서 만들어내는 흑백의 농담은 빛과 그림자의 콘트라스트 사이에 균형을 모색하려는 정교하고 섬세한 일이었다. 이것은 그동안 익힌 이론을 실천으로 옮긴 최초의 시도였다.

모든 미술의 기초가 되는 데생 훈련을 통해 쇠라는 명암의 콘트라스트와 형태를 파악하고 구도와 조화를 창조해내는 기초를 확립하려 하였다. 이후 색채의 영역에 뛰어 들어가 1년 이상의 오랜 준비 끝에 「아니에르의 목욕하는 사람들」을 그렸다. 그의 작업은 인상주의 화가들의 방식과 상당히 달랐다. 그랑자트섬에서 개별 습작으로 제작하고 습작을 모아 완전한 작품으로 탄생시켰기 때문이다. 그런 까닭에 그는 야외가 아니라 작업실에서 주로 작업을 하였고, 즉흥적이고 순간적이 아니라 깊이 체계적으로 생각한 뒤에 그렸다. 그는 강렬한 색채를 먼저 사용하고 나서, 옅은 색으로 옮겨가는 방식을 취했다.

처음에 순수색과 함께 갈색을 혼합해서 썼다. 그런 까닭에 그의 작품은 인상주의자들의 작품처럼 빛나 보이지 않았다. 그러나 시냐크의 지적을 통해 순수색을 쓰게 된 이후 이 작품을 완성하였다. 이 작품은 오른쪽 화면 끝에서 손나팔을 불고 있는 소년으로 하여 여름날의 정적을 깨고 있다. 그럼에도 불구하고 전체적으로 동요되지 않고 균형을 갖추는 것은 모뉴멘틀한 구축적인 조화에 관심을 가졌기 때문이다.

쇠라는 인상주의의 기준이었다. 빛과 색채를 가장 중요하게 생각하였지만, 결과는 전혀 달랐다. 그의 목표는 사라진 인상이 아니라 다양한 순간의 배열이었다. 그리고 일시적인 것보다는 영원한 것, 이것이 그가 캔버스에 포착하고자 했던 것이다. 그러므로 쇠라의 양식은 '종합적'인 것이 된다. 전통적인 작업방식으로의 회귀와 색채에 대한 과학적인 검토가 함께 이루어진 것이다.

이후 쇠라는 물리학, 광학, 기하학, 등을 바탕으로 점묘법의 색채이론을 발전시켰고, 인상주의의 대선배인 피사로조차 그의 이론에 따라 그림을 그리기도 하였다.

1886년 쇠라는 그의 대표작이라고 할 수 있는 「그랑자트섬의 일요일 오후」를 그렸다. 이 작품을 그리기 위해 그랑자트섬에 스케치하러 다녔다. 스케치판에 재빨리 대충 십자로 교차하는 필 촉으로 햇빛 속에 있는 대상의 색채를 기록하고, 아틀리에에 돌아와 다시 그 데생에 의해서 그것들의 양감(量減)과 형태를 추구하였다. 이런 식으로 2년 가까운 시일이 걸려 「그랑자트섬의 일요일 오후」를 완성하였다. 이 작품을 제작할 때 세 가지 타입의 붓이 쓰였는데, 풀밭 부분에서 쓰인 +자로 교차하는 붓, 대상의 형태의 윤곽이나 형상에 따라 평행하게 그을 때 사용한 가늘고 긴 대시 모양의 붓, 그리고 조그마한 점을 찍을 때 쓴 붓 등이다. 이것들을 통해 그의 분할의 수법이 완성되어가는 과정을 엿볼 수가 있다.

신인상주의를 점묘주의라고 하지만 분할주의라고 부르는 것이 옳다. 신인상주의가 점묘로 작품을 완성하긴 하였지만, 점묘 자체가 목적이 아니다. 점묘는 분할주의를 위한 기술 수단이었을 뿐이다. 결국 신인상주의의 분할이란 빛의 광휘와 색채와 조화와 모든 은혜를 확보하는 것이었다.

1886년 여름, 쇠라는 완전한 분할주의 기법만으로 풍경화를 그렸다. 원색의 작은 둥근 점을 한결같이 무수히 찍은 뒤 일정한 거리에서 바라보면 이들 색점이 망막 위에서 기대했던 색으로 보인다는 혼합 법칙이 적용된 완전한 회화는, 야외의 빛과 색채를 추구한 인상주의의 완성이기도 했다.

그러나 분할기법은 이미 야외의 즉흥적인 기법과 상용되지 않는 것이기도 하였다. 인상주의처럼 직접적 감각의 재현이 아니라 아틀리에서의 그림물감과의 대결, 숙고와 항구성(恒久性)이 직접적 감흥과 즉흥성이 대치되는 작품을 그리고자 했기 때문이다.

쇠라는 후반기에 접어들어서는 햇빛 아래 야외의 모티브를 버려두고 실내에서 나부와 대결했다. 1888년에 제작한 「포즈를 취하는 여인들」, 「서커스의 파라드」 「화장하는 여인」(1889~90), 「서커스」(1890~91) 등등 인상주의적 감흥에서 벗어나 가스등 아래에서 전개되는 모티브와 몽마르트르의 화가들이 즐겨 그리던 인공조명의 세계로 주제를 바꾸었다. 거기에서 쇠라가 추구한 것은 빛의 진동과 색채의 순수성, 그리고 형태의 균형과 조화된 구성이었다.

1890년 여름, 쇠라는 자신의 목숨이 얼마 남지 않았음을 예감했는지 지금껏 실천해온 스스로의 예술에 대해 그 원리를 기록하였다.

"예술, 그것은 조화이다. 비슷한 색조라든가 선(線)의 아날로지이다. 색조는 밝은 것에서 어두운 곳으로의 추이, 색채라는 것은 적색과 녹색, 오렌지와 청색, 황색과 자색의 보색관계인 것, 선이라는 것은 수평선을 축으로 하는 방향성을 의미한다. 이런 여러 색의 조화가 결합하여 고요함, 명랑함, 또는 슬픔 같은 것이 생겨난다. 이러한 표현 수단은 색조와 색채가 일정한 법칙에 따라 일어나는 그들 반응의 시각혼합이다." 쇠라가 평생 추구해 온 빛과 색채에 관한 미학이다.

신인상주의의 기수 쇠라는 1891년 3월 29일 전염성 후두염으로 32세의 젊은 나이에 자신의 예술세계를 더 이상 펼쳐 보이지 못하고 요절하고 말았다. 짧은 삶을 살다 갔지만 신인상주의 화가들은 물론 입체파, 미래파 등 기하학적 추상회화의 탄생에 영향을 미치면서 세잔과 함께 20세기 회화의 새로운 장을 열어 그의 예술은 그가 추구했던 것처럼 일시적이지 않고 영원을 살고 있다.

쇠라의 작품들은 인상주의뿐만 아니라 당시 그려졌던 그림들과 다른 양상을 보여준다. 먼저 화면이 정리되었고 간결해진 느낌을 준다. 빛에 과학의 잣대를 들이대어 색채가 한결 광휘롭게 빛이 난다. 이 중에서도 그의 대표작으로 꼽는 「그랑자트섬의 일요일」은 물가에서 휴식을 취하는 중상층의 모습이 한가하고 여유롭게 보인다. 숲속의 나무들 또한 지금까지 보지 못한 신선한 느낌을 준다.

이러한 쇠라의 작품들은 많은 시인에게 영감을 주기에 알맞은 풍경이다. 쇠라의 회화작품을 시로 형상화한 시인으로는 나희덕 · 정선우 · 이성렬 등이 있다. 그런데 이들의 작품은 공통점이 있다. 나희덕의 「쇠라의 점묘화」, 정선우의 「쇠라의 오후」, 이성렬의 「그랑자트섬의 오후를 거닐면」 등은 모두 휴일을 즐기는 시민의 모습을 그렸다는 점이다. 주로 쇠라의 그림 「그랑자트섬의 일요일 오후」라는 제목이 말해주듯 일요일 오후, 시민들의 한가로움이 어떤 영감을 주었을 것이기 때문이다.

언제부턴가 선이 무서워졌어요 거침없이 달리며 형태와 색채를 뿜어내는 선에서 도망치고 싶었어요 사물에 대한 의심이 많아졌다고 할까요 아니면 빛에 대한 난해한 사랑이 생겼다고 할까요 선들이 내지르는 굉음을 더는 견딜 수가 없어요 일요일 오후 양산을 쓰고 걸어가는 여자도 강둑에서 몸을 말리는 남자도 나팔을 부는 소년도 의자에 기대 앉은 노인도 처음엔 완강한 선 속에 갇혀 있었지요 그들을 꺼내기 위해 내가 할 수 있는 것은 선을 빻고 또 빻는 일뿐이었어요 아침에 문밖에서 길어온 이미지를 불에 달군 쇠막대기처럼 망치로 종일 두드려요 저녁 무렵에야 뜨거워진 선에서 떨어져나온 쇳가루들이 캔버스에 점점이 흩어지지요 빛은 가루가 되어 다른 빛과 몸을 섞어요 그림자는 다른 그림자에 스며들어요 검은 개는 더이상 검은 개가 아니에요 개의 털빛과 그 위에 내리는 빛이 만나 어룽거려요 희미해진 개와 고양이와 사람들은 햇빛 속을 한가롭게 거닐지요 하지만 가까이 갈수록 나는 그들을 알아볼 수 없어요 서로를 삼키고 비추는 점들의 환영, 그 한 폭의 기이한 평화 앞에서 내 눈은 점점 어두워져요

-나희덕, 「쇠라의 점묘화」 전문

나희덕의 「쇠라의 점묘화」는 쇠라의 그림 「아니에르의 미역감기」와 「그랑자트의 일요일 오후」를 모티브 삼아 시로 형상화한 작품이다. "일요일 오후 양산을 쓰고 걸어가는 여자" "의자에 기대앉은 노인" "강둑에서 몸을 말리는 남자" "나팔을 부는 소년" "검

조르주 쇠라, 그랑자트섬의 일요일 오후, 1886년

은 개" 등은 그랑자트섬과 강 건너에서 평화롭게 휴식을 취하는 쇠라의 그림 속에서 휴일을 즐기는 시민과 개의 모습이다. 이 작품은 도입부에서 "언제부턴가 선이 무서워졌"다고 진술한다. 선들이 굉음을 내고 있고, "거침없이 달리며 형태와 색채를 뿜어"낸다. "노인" "남자" "소년" "여자"는 어떤 위험에 노출되어 있다. "완강한 선 속에 갇혀 있"기 때문이다. 화자는 그들을 꺼내기 위해서는 "선을 빻고 또 빻"아야 한다고 한다. 선에서 "그들을" 꺼내기 위해서 "아침에 문밖에서 길어온 이미지를 불에 달군 쇠막대기처럼 망치로 종일 두드"리라고도 한다. 그러나 "불에 달군 쇠막대기"같은 '선'은 매우 강렬한 이미지여서 쉽게 사라지지 않는다. "저녁 무렵에야 뜨거워진" "쇠막대기" 같은 "선에서 떨어져나온 쇳가루들이 캔버스에 점점이 흩어"진다. 이때 "빛은 가루가 되어 다른 빛과 몸을 섞"는다. "그림자는 다른 그림자에 스며"든다. 그러므로 "개의 털빛과 그 위에 내리는 빛이 만나 어룽거"리고 "희미해진 개와 고양이와 사람들은" 비로소 '선'으로부터 해방되어 "햇빛 속을 한가롭게 거닐"게 된다.

'선'을 빻아 "그것들"을 구속으로부터 자유롭게 하는 근본적인 동기는 "사물에 대한 의심이 많아졌"기 때문이고, "빛에 대한 난해한 사랑이 생겼"기 때문이다. 이렇듯 '선'을 죽이고 온전한 빛과 색채를 찾아가는 과정은 쇠라의 그림 그리는 과정을 닮았다.

'선'을 지양하고 빛과 색채를 점으로 찍은 그림을 "가까이 갈수록 나는 그것들을 알아볼 수 없"다는 진술에서 보듯 점묘법은 가까이에서는 형태를 알아볼 수 없다. 점으로 된 원색의 붓 터치는 본래의 색을 낼 뿐이다. 다시 말해 이미지를 알아볼 수 없다는 뜻이다. 적당한 거리로 물러서서 바라볼 때 비로소 제대로 된 형태와 색을 볼 수 있기 때문이다.

이렇듯 나희덕의 이 작품은 빛과 색채를 과학적이고 체계적으로 분석하여 그것을 그림에 도입시켜 점묘법, 혹은 분할주의로 신인상주의를 태동시킨 쇠라의 그림 그리는 과정을 형상화한 것이다.

그런데 「쇠라의 점묘화」는 "서로를 삼키고 비추는 점들의 환영, 그 한 폭의 기이한 평화 앞에서 내 눈은 점점 어두워"진다고 한다. 그것은 쇠라가 점묘법으로 '평화'를 그린 것에 반해 화자 자신의 눈은 그것을 볼 수 없기 때문이다. 어쩌면 평화를 기대하는 화자가 자신감을 잃어가고 있다는 조금은 절망적인 감정을 드러낸 것으로 볼 수 있다.

정선우의 「쇠라의 오후」 역시 쇠라가 점묘법으로 그림을 그리는 과정을 형상화한 작품이다.

두서없이 흩날립니다
미처 정리하지 못한 서랍처럼
칸칸이 어지러운 무질서입니다
기억의 시작은 어디인가요
도마뱀꼬리 툭 끊어지듯
이쪽과 저쪽에서
자꾸만 멀어지다가 파닥이다가
깜빡이는 무늬처럼 찍힙니다
물감을 흩뿌리며
떠오르는 확률을 점칩니다
우거지는 생각만으로 숲이 될 수 있는
그 싱싱이 그 뿌리를 찍어내고 있습니다
슬며시 끌고 온 부풀부풀한 상상

오랜만에 마주하는
그녀의 뜨거운 입술을 문지릅니다
손끝으로 알아차린 이목구비
넓은 이마가 깊어집니다
깊어지므로 비로소 뚜렷하게
말랑말랑한 덧칠
물방울 같은 반응입니다
-정선우, 「쇠라의 오후」 전문

정선우의 「쇠라의 오후」는 쇠라의 그림 속 풍경을 구체적으로 암시하는 대목이 없다. 단지 "깜박이는 무늬" "물감을 흩뿌리며" "부풀부풀한 상상" "비로소 뚜렷하게" 등의 표현에서 점묘법을 암시하는 단서만 보여줄 뿐이다. 그리고 시제를 「쇠라의 오후」라고 한 것에서 '오후'라는 낱말이 주는 감정이 우리에게 잘 알려진 쇠

조르주 쇠라, 봄의 그랑, 1888년

라의 그림 「그랑자트섬의 일요일 오후」를 연상시킨 것에서 정선우 시인이 쇠라의 작품에서 시적 동기를 가졌을 것이라는 유추를 해 볼 수 있다.

어쨌든 정선우의 「쇠라의 오후」는 오후 한때의 어떤 정경을 형상화하고 있다. 이 작품은 서두에서 "두서없이 흩날립니다" 하고 그것이 "어지러운 무질서"라고 한다. 그런데 "기억의 시작"이 어디인지 알 수 없어 "도마뱀꼬리 툭 끊어지듯" "자꾸만 멀어지다가 파닥이다가/깜빡이는 무늬처럼 찍"힌다고 진술한다. 화자는 어지러운 무질서 속에서 무엇인가가 잘 기억이 나지 않고 있는 상황이다.

그런데 화자가 기억해내고 싶은 것은 무엇일까? "이쪽에서 저쪽에서/자꾸만 멀어지다가 파닥이다가/깜박이는 무늬처럼 찍"힌다에서 애써 쇠라가 캔버스에 그림을 그리기 위해 붓으로 점을 꾹꾹 찍고 있음을 유추해 볼 수 있다. 이러한 시적 표현은 쇠라가 점묘법으로 그림을 그리기 시작할 때는 이미지가 선명하지 않음을 암시한다. 정선우의 시 속에서 등장하는 "기억"이 어떤 이미지를 말한 것으로 볼 수 있다. 점차 붓으로 점을 찍다 보면 "파닥이다가" "깜박이는 무늬처럼 찍"히며 "숲이 될 수 있"고 "상상이 그 뿌리를 찍어내"며 선명한 이미지를 드러낼 것이다. 그것은 "슬며시 끌고 온 부풀부풀한 상상"에서 나온 것으로, 마침내 나타난 그림 속의 이미지는 "오랜만에 마주하는/그녀의 뜨거운 입술"이며 "손끝으로 알아차린 이목구비" "넓은 이마"이다. "비로소 뚜렷하게/말랑말랑한 덧칠"을 통해 "물방울"처럼 싱싱한 이미지, 즉 그림이 완성되는 과정을 형상화하였다.

쇠라의 그림 「그랑자트섬의 일요일 오후」를 연상시키면서도 오히려 쇠라가 점묘법으로 오후 한때를 정선우 시인이 형상화한 것으로 짐작해도 무방할 것 같다.

정선우의 「쇠라의 오후」처럼 회화작품이 시인에게 어떤 영감을 주어 전혀 낯선 예술작품을 생산하는 일은 즐겁다. 그러므로 독자들은 정선우 시인이 만들어 놓은 새로운 '쇠라'의 모습에서 낯설어하면서도 행복해하기도 하는 것이다.

한편 이성렬의 「그랑자트섬의 오후를 거닐면」은 쇠라의 「그랑자트섬의 일요일 오후」 속을 화자가 직접 들어가 휴일을 즐기는 사람들과 강아지를 만나고 있다.

쇠라의 작품을 한 발짝 떨어져 바라보는 앞의 두 시인과 달리 이성렬 시인의 「그랑자트섬의 오후를 거닐면」은 화자가 직접 들어가 언술하고 있는 것이 다른 시인들과 다르다.

> 수많은 점들로 떠 있는 바다는 내 발등에 잔잔하다. 작은 구멍투성이 돛을 단 배를, 더 미세한 모세관들로 가득한 바람이 밀고 있다. 손바닥만큼 열린 하늘에서 푸른 색소가 쏟아져 내리고, 정장 차림 부부의 검은 양산 위로 연두색 꽃가루들이 흩어진다. 나무들이 끊임없이 햇살의 파편을 빨아들이고 있는 세상은 그늘 속 사람들과 양지쪽 사람들로 선명히 갈라져 있어, 아무도 눈을 마주치려 하지 않는다. 그 경계를 가로지르는 무표정한 모녀는 세상 밖을 향한다. 강아지를 따라서 갈색솜털들이 일제히 왼쪽을 향하여 우르르 뛰어간다. 수십억 개의 마른 입자들로 이루어진 작은 몸뚱이는 쉽게 해체될 듯도 한데, 꼬리를 곧추 세우고 있다. 무엇일까, 풀기 없는 많은 점들을 접착시키는 그것은. 이 풍경을 온전히 빛에 젖게 하는,
>
> 세상의 비밀은.

-이성렬, 「그랑자트섬의 오후를 거닐면」 전문

쇠라의 「그랑자트섬의 일요일 오후」의 현장인 '그랑자트섬'에 들어가 그림 속 주인공들과 만난 화자는 점묘법으로 그려진 "수많은 점들로 떠 있는 바다"가 발등에 잔잔한 것을 지켜본다. 실은 쇠라 그림 속의 실제 배경은 파리 근교의 휴양지여서 '바다'가 아니라 '강'이다. 그럼에도 불구하고 화자는 바다라고 하는데, 흔히 섬이 바다에 있기 때문에 잘못 이해했는지도 모른다. 아니면 '크다' '넓다'는 의미로 '바다'라고 지칭했을 수도 있다.

바다에는 "작은 구멍투성이 돛을 단 배를," "바람이 밀고 있다". 바람 부는 바다 위에 뜬 돛단배를 바람이 밀어내고 있는 것이다. 이때 "손바닥만큼 열린 하늘에서 푸른 색소가 쏟아져 내"린다고 하는데, "손바닥만큼 열린 하늘"은 실제 쇠라의 그림 속의 풍경이다. 그러나 화자가 그랑자트섬에 있다면 이렇게 진술하지 못할 것이다. 화면 구도상 나무에 하늘이 가려졌을 뿐 실제로는 하늘이 훤하게 뚫렸기 때문이다. 그럼에도 이러한 진술은 매우 시적이어서 시인이 일부러 그렇게 표현한 것으로 이해된다. 손바닥만큼 열린 하늘이기 때문에 "푸른 색소가 쏟아"진다고 표현함으로써 이 작품이 신비스럽고 푸르다는 것을 보다 강조할 수 있기 때문이다. 그림 속의 모습처럼 "정장 차림 부부의 검은 양산 위로 연두색 꽃가루들이 흩어"지는 풍경은 햇살에 빛나는 나무와 나뭇잎이 팔랑거림이어서 싱그러운 느낌을 준다.

이렇듯 싱그러운 풍경은 "나무들이 끊임없이 햇살의 파편을 빨아들이고 있는 세상"이지만, 세상은 그림에서 보듯 그림 전경의 나무 그늘과 중경, 후경의 햇살이 비치는 곳을 선명하게 갈라놓고 있다고 말한다. "그늘"과 "양지"의 일반적인 관념처럼 세상의 모순과 불화를 암시하는 대목이다. 쇠라의 그림에서는 단지 그늘에서 쉬는 사람, 햇빛 속에서 양산을 쓴 채 거닐거나, 쉬고 있는 모습으로 일요일 오후의 평화와 한가로움을 보여주고 있지만 시인의 인식은 다르다. 양지와 음지의 사람들이 "눈을 마주치려 하지 않"기 때문이다. "그 경계를 가로지르는 무표정한 모녀는 세상 밖을 향한다." "강아지를 따라서 갈색솜털들이 일제히 왼쪽을 향하여 우르르 뛰어간다." "세상 밖"과 "왼쪽"의 의미가 지시하는 것은 무엇일까? 그리고 화자가 작품의 말미에서 말하는 "세상의 비밀은" 무엇을 의미하는 걸까? 세상이 '양지'와 '음지'라는 불평등한 세상을 말하는 것일지도 모른다. 그것은 '그랑자트섬'이라는 공간을 '하나되지 못한 불화의 세상'으로 상징화하여 이곳을 벗어나는 것을 불화가 없는 세상을 꿈꾸는 것이라고 해석해도 무방할 것이다. 그러면서도 화자는 이 작품의 말미에서 "풀기 없는 많은 점들을 접착시키는 그것"이 무엇인지를 묻는다. 화자는 이쯤에서 '그랑자트섬'을 쇠라의 그림 속에 등장하는 풍경으로 바라본다. 즉 붓으로 점을 찍어 완성한 그림 속의 풍경이 "온전히 빛에 젖"고 있음을 보는 것이다. 쇠라가 그림을 통해 펼친 세상의 평화쯤으로 이해해도 될 성싶다.

고야의 그림과 김이듬·이원의 시

오래전부터 문학과 미술은 서로 교감해 왔다. 그리스 · 로마 신화, 서양의 역사, 성경을 그림으로 형상화시켜 온 것이 그것이다. 이렇듯 서양화와 서구문학은 서로 영향을 끼치며 발전해 왔다. 그런 까닭에 서양미술사는 그리스 · 로마 신화, 역사 · 성경을 알지 못하면 이해하기 힘들 정도이다.

현대에 와서 더욱 문학을 중심으로 한 비교예술에 관심이 높아지고 있다. 문학과 예술의 비교에서는 문학과 그림 · 음악 · 연극 · 영화 · 오페라 · 건축을 비교하는 것은 물론 비디오아트와 매스미디어 등과 비교함으로써, 문학과 예술의 소통을 통해 그 경계를 극복하고 지양하여 비교문학의 영역이 확장하고 있는 추세이다. 이러한 배경에는 문학을 중심으로 예술의 상호 연관성에 대한 예술가들의 관심이 새로운 예술영토를 넓히고 새로운 의미를 생산하기 때문이다.

윤호병에 의하면 그림의 언어가 시의 언어로 전이된 경우 정적인 그림의 언어를 동적인 시의 언어로 전환하는 것이 되는데, 여기서 '동적인 언어'는 시의 언어가 그림의 주제를 여러 각도에서 설명하거나 묘사하는 과정에 관계되고 '정적인 언어'는 한 편의 시의 주제를 한 폭의 그림으로 집약시켜 놓은 것에 관계된다는 것이다.

작가가 인접예술의 작품에서 창작의 영감을 얻은 경우는 수없이 많다. 상상력이란 모든 예술에 공통된 창조의 원류이기 때문이다. 이탈리아 르네상스 화가들의 명화는 후세의 많은 시인에게 시작(詩作)의 동기가 되었다. 이처럼 예술은 상호 간의 영향과 수용의 관계를 형성해 왔다. 즉 문학과 미술은 서로에게 창작의 동기를 제공하며 발전해 온 것이다.

표현방식과 매제사용에 있어서 문학은 오직 문자로 표현하고 미술은 화면에 물감을 칠해 표현하는 그림과 재질을 이용해 형상을 새기는 조각처럼 질료 선택이나 제작 기법의 차이만 보일 뿐 대상의 예술적 표현이라는 점에서 연관성이 있다. 즉 심미적 목표, 기능, 영향은 동일하게 파악될 수 있는 것이다. 바로 이 점이 고유한 특성을 지닌 문학과 미술을 통일된 관점에서 바라보게 하는 요인이다.

미술작품이 문학작품으로 변용될 경우 몇 가지 유형이 나타난다. 미술가의 삶을 문학으로 형상화하는 경우 미술가의 삶이 주는 의미를 문학적으로 담아낼 수도 있고, 새로운 메시지를 담아낼 수 있다. 미술가의 삶과 미술 작품세계를 한꺼번에 응축하여 소설이나 시로 표현하기도 한다. 때에 따라서는 미술가의 특정 작품에서 얻은 영감이 창작 동기가 되어 소설이나 시로 형상화하기도 하는데, 미술작품을 문학작품으로 변용할 수도 있고, 미술작품이 갖는 주제를 시인 자신의 삶, 또는 문학인이 살고 있는 현실을 문학적으로 내포하기도 한다.

고야는 1746년 3월 30일 스페인 동부 아라곤의 작은 마을 푸엔

데토도스에서 태어났다. 어린 시절 금 도금장이인 아버지가 사라고사의 필라스 성모 대성당에 있는 조각의 도금작업을 하며 복원하는 것을 보며 자랐다.

13세 때 사라고사의 토세 루산 마르티네스의 도제에 들어가 판화제작과 미술교육을 받았다. 이후 1763년과 1766년 두 차례 마드리드의 산 페르난도 아카데미 입학시험에서 낙방하였는데 전통적이고 학구적인 작품을 선호하는 석고상 데생이나 역사화에 흥미가 없었기 때문이다.

그는 1770년 로마로 향했다. 이탈리아를 여행하고 파르마 아카데미에서 개최한 공모전에서 역사화를 그려 2등 상을 받으면서 직업화가가 되기를 결심하였다.

사라고사로 들어간 고야는 필라르 성모 대성당의 프레스코화 「신의 이름으로 찬미하는 천사들」을 그려 상류층 인사들의 관심을 끌었다. 2년 후 당시 명망 높은 프란시스코 바이유의 누이동생 호세파와 결혼하였다.

1773년 바이유가 지휘하던 사타바르바라 왕립 태피스트리 제작소에서 작업을 하였는데 이때 여러 작품의 풍속화를 그려 널리 알려졌다. 이후 고야는 마드리드로 돌아와 제단화와 귀족들의 초상화를 그렸다.

1789년에는 당시 스페인의 황제인 카를로스 4세의 궁정화가가 되었는데, 카를로스 4세가 황태자 시절 당대 민중의 일상을 담은 「질그릇 장수」, 「빨래하는 여인들」, 「의사」 등을 그린 것이 인연이 되었다.

1792년 46세 때 콜레라에 걸려 고열 때문에 청력을 잃어버렸다. 이때의 우울과 불안한 심정은 「순회극단 배우들」과 같은 작품에서 생생하게 나타나는데 말년에 '검은 그림'으로 형상화되기도 한다. 병석에 있는 동안 프랑스 대혁명에 감화되어 이와 관련된 철학서들을 섭렵하면서 비판적인 시각을 키운다. 이런 영향으로 『로마 카프리초스(변덕)』라는 연작 판화집을 그리게 된다. 가톨릭교회와 성(섹슈얼리티) 문제, 허례허식 등에 대한 인간의 가식과 허영, 어리석음을 풍자한 것으로 최초의 카툰으로 여겨진다. 이 작품을 기점으로 낙천적이고 온화했던 풍경화 · 풍속화를 그리던 고야는 미신과 인간의 야만성 비판, 정치적 탄압에 대한 고발 등을 담은 비판적 성격의 작품을 제작하게 된다.

1799년 고야는 수석 궁정화가가 된다. 초상화와 종교화 주문을 처리하면서 논란의 소용돌이에 휩싸이게 될 '마야' 연작을 그린다. 「옷 벗은 마야」는 노골적으로 몸을 열어젖힌 여인의 자세와 도전적인 눈동자, 드러난 음모는 외설 논란은 물론 신성모독 논란까지 일으킨다. 그는 종교재판소로부터 이 여인의 옷을 입힐 것을 강요받았지만 거절했고, 5년 후에 「옷 입은 마야」를 새로 그렸다. 이로 인해 궁정화가의 지위를 박탈당하게 된다.

1808년 프랑스의 나폴레옹이 스페인을 침공하였다. 그러자 스페인 민중은 봉기했고, 고야는 민병대에 들어갔다. 6년간 전쟁이 계속되었는데 궁정화가로 복귀한 고야는 프랑스 대혁명과 나폴레옹을 지지했으나 프랑스군의 만행에 대해서는 지지하지 않았다. 그는 『전쟁의 참화』 연작 판화집과 유화 「마드리드, 1808년 5월 2일」, 「마드리드, 1808년 5월 3일」으로 전쟁 중에 일어난 학살과 비인도적인 만행을 생생하게 고발했다.

1814년 프랑스의 침공으로 쫓겨났던 페르난도 7세가 복귀한 이듬해 고야는 궁정화가의 자리에서 물러나 마드리드 근교에 머물렀다. 일명 '귀머거리의 집'이라고 불리는 이 별장에서 그는 이성이라는 이름 뒤에 가려진 인간의 광기를 표현한 '검은 그림' 연작을 그렸다.

1823년부터 종교재판과 페르난도 7세의 전제 정치가 부활하면서 스페인 상황이 흉흉해지자 고야는 프랑스 망명길에 올랐다. 파리와 보르도 등지에 머물며 작품활동을 하다가 1828년 보르도에서 숨을 거두었다.

고야만큼 다양한 방식과 다양한 주제로 그림을 그린 작가는 드물 것이다. 프레스코 벽화, 유채벽화, 유화, 동판화, 석판화, 소묘의 영역에서 초상화, 역사화, 풍속화, 종교화, 전쟁화, 신화화, 우의화, 정물화 등 우리가 상상할 수 있는 모든 분야에 걸쳐 그림을 그렸기 때문이다.

뿐만 아니라 고야는 '근대회화의 모든 흐름을 예고한 화가'이다. 초현실주의 · 상징주의 · 표현주의 등 나중에 근대회화가 걸어가게 될 다양한 맹아들을 엿볼 수 있다. 당대의 격변하는 역사를 반영한 그의 작품들은 19세기와 20세기 화가들에게 큰 영향을 주었다.

고야의 그림에는 시적인 요소가 깃든 것들이 많다. 나폴레옹의 프랑스군에 대항하여 맞서 싸운 스페인 마드리드 시민들의 모습을 담은 「마드리드, 1808년 5월 2일」과 「마드리드, 1808년 5월 3일」, 「거인」, 시간의 신 크로노스와 노파들의 모습을 형상화한 「시간과 노파들」, 죽은 자의 몸에 피를 뽑아내고 있는 마술사들을 그린 「마술사와 공중부양」, 여성 인권 신장을 풍자적으로 그린 「꼭두각시」, 가면을 쓰고 춤을 추며 행진하는 마드리드의 카니발을 표현한 「정어리 매장」, 그리고 귀머거리가 된 후 그린 이른바 '검은 그림'들이 그것들이다. 그런 까닭에 일반인들에게는 잘 알려지지 않은 화가

고야, 마드리드, 1808년 5월 3일, 1814년

임에도 많은 시인이 그의 그림 이미지에서 영감을 얻어 시로 형상화하였다.

이는 그가 활동했던 18세기 후반 19세기 초 그의 조국 스페인이 처한 역사적 환경과 아무것도 들을 수 없는 귀머거리가 된 신체적 조건이 크게 작용했다.

위에서 밝힌 것처럼 고야의 그림을 시로 변용한 김이듬 시인의 「고야와 나의 오월」과 이원 시인의 「검은 그림」을 통해 미술이 어떻게 문학작품에 영향을 주었으며, 시라는 장르로 변용되었는지를 살펴본다.

김이듬과 프란시스코 드 고야가 오월의 두 번째 날을 말할 때, 제각각 귀에 물을 쏟으며 서로를 꿰매고 갖다 붙일 때, 엄마가 귓속에서 살려 줘 울며 보챌 때, 늙은 나폴레옹이 혀짜래기소리를 하고 귀머거리 고야가 말 모가지 옆에 쓰러질 때, 스페인 혁명사와 무관한 살모사 도감을 볼 때, 이름 밝히길 꺼려 하는 공중보건의가 배를 갈라놓고 얼굴을 가릴 때,

대부분의 미술해부학자는 5월 2일의 경우 반출이 어렵다고 잘라 말하지. 이날 아침부터 수십 년 동안 출산을 진행 중인 지겨워요, 어머니. 고야의 5월 3일 역시 반입반출이 어렵다네? 5월 3일부터 이듬, 자, 우유 먹자, 무슨 말을 하는지 못 알아듣습니다.

양수가 터지고 폭탄이 터지고 마드리드가 터졌다지.
또 터져버리고 싶은 거 없으십니까?
근무지를 이탈한 병사는 애인의 목을 졸랐을 거야.
시립병원 끝방 귀머거리 노인, 미혼모와 고아의 사인은 과다출혈이었다지.
내가 태어난 것은 나와 관련 없는 사건이었을 거야, 뻔해.
고야는 외출해도, 5월 2일은 밖으로 나갈 수 없지.
장기적인 보존을 위해 어쩔 수 없대.
엄마의 5월 2일은 훼손 정도가 심해 확인이 금지되었어.
서로 전혀 무관한 일이지 폭력적인 결합을 원해?
넌 빨리 부패하고 싶어 온도와 습도와 빛을 조절했었어.
적절한 부패의 조건이 적당한 생존의 조건이 될 줄 알았다면
무조건 엄마와 관련 있는 것들을 수집하진 않았겠지.
엄마는 무슨 잡동사니 전시장 같은 내 방 한가운데 있어.
봐, 저기 침대에 누워 있잖아? 이제 밀반출은 엄두도 못 내.
냄새만 풍기지, 하필 오늘이 내 생일이라서 죽은 척 하시는 거라고!

-김이듬, 「고야와 나의 오월」 전문

이 작품은 고야의 그림 「마드리드, 1808년 5월 2일」, 「마드리드, 1808년 5월 3일」과 관련이 있다. 1807년 프랑스와 스페인은 퐁텐블로조약을 체결하였다. 양국이 군사를 연합하여 영국의 동맹국인 포르투갈을 친다는 내용이다. 포르투갈을 치기 위해 스페인에 들어온 프랑스군은 스페인의 주요 도시를 장악하여 사실상 나폴레옹의 지배에 놓인다. 이듬해인 1808년 5월 2일 마침내 스페인 마드리드의 민중봉기가 일어났다. 점령군 행세하는 프랑스 병사를 말에서 끌어 내려 쓰러뜨린 것이다. 그러자 프랑스의 뮈라 장군은 "프랑스인이 피를 흘렸다, 되갚아야만 한다"라고 발표하고 무기를 소지한 스페인 사람들을 총살했다. 당시 스페인 사람 중 남자들은 모두 칼을 지니고 있었던 터라 400명의 일반 시민이 체포되어 5월 3일 처형당했다. 이 대학살은 결국 5년여 동안 대불전쟁으로 치달았다. 전쟁의 비극을 고야는 「마드리드, 1808년 5월 2일」, 「마드리드, 1808년 5월 3일」, 그리고 판화집 『전쟁의 참화』로 그려냈다.

이러한 역사적 사실을 배경으로 그려진 고야의 「마드리드, 1808년 5월 2일」과 「마드리드, 1808년 5월 3일」, 두 작품이 김이듬 시인에게 시적 동기를 부여했다. 즉 고야의 삶과 앞에서 말한 두 작품은 모두 5월이라는 시간적 공간을 같이하고 있는데, 시인의 삶 또한 오월과 관련이 있다고 짐작된다. 그러므로 김이듬 시인의 「고야와 나의 오월」은 고야의 오월과 어떤 연관이 있다고 볼 수 있다. 「고야와 나의 오월」에는 고야의 삶과 그가 체험한 프랑스군이 무고한 시민들을 살육한 역사적인 장면들이 등장한다. 그날은 "오월의 두 번째 날"이다. "늙은 나폴레옹이 혀짜래기소리를 하고 귀머거리 고야가 말 모가지 옆에 쓰러"진다고 시인이 말한 것은 시적 표현들이 있기는 하지만 고야와 스페인 혁명과 관련된 사실이다.

그날 "폭탄이 터지고 마드리드가 터"진 것도 역사적 사실이며 이 사건이 터지게 된 배경도 "근무지를 이탈한" 프랑스 병사의 만행을 마드리드 시민들이 병사를 말에서 쓰러뜨린 것에서 비롯된 것도 사실이다. 그때 67세의 고야는 귀머거리였다.

그런데 김이듬 시인의 「고야와 나의 오월」에서 "김이듬과 프란시스코 드 고야"는 어떻게 상호 만나는가, "오월의 두 번째 날을 말할 때, 제각각 귓속에서 살려줘 울며 보"챈다고 한다. 그리고 "나폴레옹이 혀짜래기소리를 하고 귀머거리 고야가 말 모가지 옆에 쓰러"진다. 또한 "스페인 혁명사와 무관한 살모사 도감을" 본다고 한다. 주지하다시피 '살모사' 새끼는 어미를 독니로 물어뜯어 죽이고 태어난다고 한다. 그렇다면 스페인의 비극과 김이듬의 출생이 비극적이었다는 유추가 가능해진다. "엄마가 귓속에서 살려줘" "공중보건의가 배를 갈라놓고 얼굴을 가"렸다는 시행이 그것을 말해준다. 그러므로 "고야와 나의 오월"은 비극성을 함께 공유하고 있음이 분명해진다.

그런데 "이름이 밝히길 꺼려하는 공중보건의"는 "배를 갈라놓고 얼굴을 가"렸을까? 이 의문은 "미술해부학자"와 관련 있을 것이다. 시속의 "김이듬"이 "공중보건의"가 엄마의 배를 갈라 태어났다는 것으로 이해가 되기 때문이다. 그런데 엄마는 "냄새만 풍기"며 "죽은 척 하시"지만 실은 김이듬을 낳다가 죽은 것으로 유추가 된다. 그러므로 그가 태어난 5월 2일은 트라우마가 되어 "이날 아침부터 수십 년 동안 출산을 진행 중인" 고통으로 남아있을 것이다.

이 작품에서 고야는 1808년 5월 2일, 또는 5월 3일 프랑스군에게 처형된 마드리드 시민들을 말함이다. 5월 2일 태어난 작품 속의 김이듬은 고야의 「마드리드, 188년 5월 2일」과 「마드리드, 188년 5월 3일」을 보게 되면 자신의 트라우마가 떠올라 고통스럽다. 고야의 그림이 김이듬 시인의 「고야와 나의 오월」은 아무런 상관관계가 없지만, 비극성이라는 공통분모를 공유하고 있어 동일성을 추구하고 있다고 할 수 있다.

그 비극성을 구체적으로 살펴보면, "양수가 터지고 폭탄이 터지

고야, 사투르누스, 1820~1823년

고 마드리드가 터졌다지" "시립병원 끝방 귀머거리 노인, 이혼모와 고야의 사인은 과다출혈이었다지" "내가 태어난 것은 나와 관련 없는 사건이었을 거야," 등이 그것이다.

도저히 잊을 수 없는 트라우마는 "엄마의 5월 2일은 훼손 정도가 심해 확인이 금지되었어"로 나타나기도 한다.

수십 년이 지난 일이지만 여전히 화자의 고통은 현재진행형이다. 그런 까닭에 "엄마는 무슨 잡동사니 전시장 같은 내 방 한가운데 있어./봐, 저기 침대에 누워있잖아? 이제 밀반출은 엄두도 못" 낸다고 한다. 화자의 마음속에서는 엄마의 시신이 자신의 방 안에서 썩고 있다고 생각하는 것이다.

살펴본 것처럼 김이듬 시인의 「고야와 나의 오월」은 시간적으로 만날 수 없는 간극을 두고 있는 상관없는 사건이지만 '학살'과 '출산 중 죽음'이라는 비극적인 사건이 만나고 있는데, 이는 고야의 그림과 그림 속에 내재된 서사와 시인의 개인적인 서사(김이듬 시인의 이야기는 개인적인 사실이 아닐 수도 있다.)가 만나 새로운 의미를 낳고 있다.

이원 시인의 「검은 그림」 역시 고야의 '검은 그림'과 관련된 작품이다. 고야의 삶과 '검은 그림'이 시인의 상상력과 만나 새로운 의미를 낳고 있다.

비행기를 타고 와 커다란 사탕을 줄게
노래를 불러봐
검색대를 통과하면 소리가 달라져
크리스미스가 지났어도
산타와 함께 나타날게

찢어지도록 입을 벌려봐
작은 상자 속엔 양이 있고
울지 못하는 양
귀는 뾰족한 양
비밀이 흘러든 양
상자를 열어봐 절망을 선물해줄게
꼬불꼬불해
손을 활짝 펴고 하늘을 가로질러봐
검은 구름을 줄게
더 이상 눈부시지 않을거야
두 개의 기다란 창이 나란한 카페에서 차를 마시자
창에는 파도가 멈추지 않는 바다가 들어 있다는 것
창 사이에 숨어 차를 마시자
모든 빛을 버릴 때까지
볼과 입술을 비벼줄게
굿나잇
별을 줄게 파묻을 수 있는 어둠도 함께
긴 회랑을 따라 달려와
내일 보면 좋겠어 나는 내일 멀리 가
산타 앞에서는 입을 크게 벌려
수치를 슬픔으로 위장해봐
공항에 갈게 선물을 줄게

-이원, 「검은 그림」 전문

고야의 '귀머거리집'은 1819년 마드리드 교외에 마련한 그의 집 이름이다. 고야는 이곳에서 이른바 '검은 그림'을 그렸다. 귀머거리집 1층과 2층의 벽면을 메운 전대미문의 이 작품들에 대해서는 여러 가지로 해석하고 있는데, 1층의 작품들은 고야 자신과 관련시킴으로써 해석이 가능하다. 그것들은 재차 죽을 고비를 넘긴 중병을 다시 앓게 된 만년의 고야가 고독한 세계 속에서, 살아온 과거의 대부분과 그것을 둘러싼 동심원의 대부분이 그의 영혼과 두뇌의 충돌 속에서 가공(可恐)할 융합 작용을 이룩하여, 직접 벽면에 형상화한 것이다.

'귀머거리집' 벽면에 석고에 유화로 그린 14점의 그림은 환영적인 것으로 대중에게 보이지 않겠다는 의도가 있었는데, 자신을 철저히 차단한 채 고독 속에서 작품을 그렸다.

「아스모데아」는 구약성서에 나오는 악령 아스모다이를 묘사한 것으로 마드리드의 지붕을 타고 다니며 주민들이 행한 부적절한 성적 관계를 그의 동료에게 누설하는 내용이다. 「개」에서는 개의 머리를 그렸는데 작품 속에서 1퍼센트 비중도 차지 않게 작게 그렸다. 나머지 공간은 아무런 물체 없이 색으로 채워져 있다. 고독을 묘사한 것이다. 「사투르누스」에서는 인간처럼 보이는 괴물이 광분하여 시체를 먹고 있는 모습을 그려 보는 것만으로도 공포와

고야, 아스모데아, 1820~1823년

괴기스러움이 무시무시하게 느껴진다.

'귀머거리집'에서 고야는 공허함과 의미가 결여된 세계를 환기시켜준다. 생명을 불어넣기 전 신의 손에서 미끄러져 나온 진흙 덩어리-구약성서에서 이미지를 빌린-에서 나왔다고 할 인물들이 그곳에 산다. 어두운 그림들은 교회에 의한 구원의 약속과 계몽주의가 아니라 절망이었을 것이며, 공허한 하늘에 존재하는 날아다니는 마녀와 악마에 대한 공포일 것이다.

이렇듯 공포와 절망을 그린 고야의 '검은 그림'에 대해 이원 시인은 어떤 생각이 들었을까. 이원 시인의 「검은 그림」 속에는 고야의 '검은 그림' 속 이미지를 읽어낼 단서들이 거의 등장하지 않는다. 고야의 그림 속에서 읽어낼 수 있는 비극성 · 절망 · 공포 · 수치 · 슬픔의 의미를 드러내고 있을 뿐 「검은 그림」은 고야가 '검은 그림'들에 보여 주었듯이 초현실주의적이고, 환타지적인 내용이 깃들어 있다.

화자는 누군가에게 "크리스마스가 지났어도/산타와 함께 나타"나겠다고 한다. "작은 상자 속엔 양이 있"는데, 그 양은 "울지 못하는 양"이다. 울고 싶을 때 울지 못하는 것은 슬픔이며 불행이다. 더욱이 양은 상자 속에 있으므로 답답하고 공포스러울 것이다. "귀는 뾰족한 양/비밀이 흘러든 양"이다. 그러므로 상자를 여는 일은 "절망을 선물"받는 일이 아닐 수 없다. 뿐만 아니라 "손을 활짝 펴고 하늘을 가로" 지르면 "검은 구름을" 주겠다고 한다. 검은 구름은 "더 이상 눈부시지 않을" 것이다.

화자는 누군가를 만나 상자 속의 "절망"을 선물하고, 눈부시지 않은 "검은 구름"을 선물하고 "두 개의 기다란 창이 나란한 카페에서 차를 마시"고 있는데, "창에는 파도가 멈추지 않는 바다가 들어 있"으니 절망적인 상황이다. 그래서인지 화자는 "모든 빛을 버릴 때까지" "창 사이에 숨어 차를 마시자"고 한다. 이 역시 절망적인 상황이 아닐 수 없다. 그러면서도 화자는 누군가에게 "볼과 입술을 비벼"주겠다고 한다. 누군가가 사랑하는 대상이기 때문이다.

그런데 화자는 "나는 내일 멀리" 떠난다고 한다. 예수가 탄생한 크리스마스가 지났어도 예수의 탄생을 축복하는 "산타와 함께 나타"난 화자는 타락한 세상에 나타나 세상에 절망을 선사한다. 이원 시인의 「검은 그림」을 읽다 보면 귀머거리 73세의 노인인 고야가 젊은 여인과 부적절한 관계를 맺으며 그것을 사람들 눈에 띄지 않게 하려고 마드리드 근교에 '귀머거리집'을 마련하고 은둔하며 검은 그림을 그리는데, 이는 자신의 과오를 뉘우치려 했기 때문이라는 생각이 든다. 그러므로 이원 시인의 「검은 그림」은 고야의 검은 그림이 주는 메시지처럼 부정한 현대인의 모습을 그리고자 한 것으로 이해할 수 있다.

이원 시인의 「검은 그림」 속의 누군가가 그와 함께 살던 젊은 여인 레오카디아 웨이스라를 모델로 삼은 것이라는 생각도 든다. 그러므로 "볼과 입술을 비벼줄게"라고 한 것은 아닐까. 어쨌든 이원 시인의 「검은 그림」은 고야의 '검은 그림' 속의 어떤 이미지들이 언뜻언뜻 오버랩되는 느낌이 든다. 그런 까닭에 "별을 줄게 파문을 수 있는 어둠도 함께" 주겠다고 말하는 것이리라. 사회통념에 어긋나는 관계를 유지하기 위해 젊은 여인을 가정부로 위장한 것과 타락한 세상을 구원하기 위해 역설적으로 '절망'을 선물한 것은 아닐까. 그러므로 '신성'과 거룩한 종교적 이미지인 "산타" 앞에서 입을 크게 벌려 "수치를 슬픔으로 위장해" 보라고 하는 것이라고 하는 것이리라.

클림트의 그림과 김은숙·정선우의 시

구스타프 클림트(Gustav Klimt)에게 여성은 화수분 같은 창작의 원천이었다. 수많은 작품에서 반복되는 관능적인 주제는 상징적이고 몽환적이다. 그러므로 그의 작품들은 원초적인 생명성을 추구한다. 그의 작품들은 끊임없이 논란의 중심에서 외설 시비에 시달렸다. 그의 그림에는 요조숙녀의 초상화가 있는 반면 관능적인 여인상이나 포르노그래피 같은 작품들도 있다. 그러나 그 어느 것에서나 클림트 특유의 허무가 깃들어져 있다. 이는 노동자 화가로서 부르주아들이 득세하는 사회 풍조가 만연한 당대 사회의 모순에서 비롯된 것으로 짐작된다. 그런 까닭에서인지 그의 작품에 나타나는 인물들은 주체적 인간으로 자기주장을 분명하게 하지 못하고 있는 모습으로 그려졌다. 무엇인가가 그들을 고통스럽게 하고 있는 듯하다. 주로 여성만을 그린 클림트에게 여성은 사회적 약자로 비쳤던 것 같다. 그러므로 그가 여성의 관능과 에로티시즘을 추구했지만, 궁극적으로는 페미니즘 작가라고 할 수 있다. 그에게 관능이란 인간의 삶 중에서 가장 고통스러운 것일 뿐, 그는 결코 관능을 예찬하지 않았다. 이 고통은 클림트 예술세계를 해명하는 가장 중요한 열쇠의 하나이다. 그의 작품은 당대 가부장 중심의 계급사회의 몰락과 그 희생자였던 여성을 중심으로 한 인간의 주체화에 따른 혼란의 과정을 상징하기 때문이다.

구스타프 클림트는 1862년 7월 14일 오스트리아 빈 근교의 바움가르텐에서 가난한 귀금속 세공사인 에른스트 클림트와 안네 핀스터 사이에서 7형제 중 둘째로 태어났다. 아버지는 보헤미아에서 온 이민자로 판화가로도 활동했으나 성공하지 못했다. 동생 에른스트도 세공사였는데 1892년 세상을 떠나기 직전까지 클림트와 공동작업을 했다.

클림트는 14세 때 빈의 장식미술학교에 입학해 7년 동안 그의 동생 에른스트와 친구 프란츠 마치와 함께 수업하였다. 학교에서 모자이크 회화, 프레스코에 이르는 다양한 기법을 익혔다.

클림트 형제는 1879년 친구 프란츠 마치와 빈 미술사 박물관 중앙 홀 장식을 맡았다. 이를 시작으로 세 사람은 슈트라니 궁전, 라이헨베르크 극장 등을 장식하는 우의화나 천장화를 그렸다. 1883년에는 벽화를 전문으로 그리는 공방을 열고 독립적으로 일을 맡아 그림을 그리기 시작하였다. 한편으로는 「우화」, 「목가」 등의 고전적인 작품을 그리며 화가로 첫발을 내딛었다.

이후 두 사람으로부터 독립한 클림트는 작품에 상징적인 장식요소를 도입했다. 경멸을 담은 듯한, 무심한 듯한 표정을 한 팜므파탈의 이미지, 화려한 색채와 기하학적인 장식 모티브로 대표되는 상징적이고 몽환적인 이미지로 관람객들을 매료시켰다. 특히 바로크적인 섬세함과 우아함, 애수에 젖은 듯한 표정과 나른한 분위기를 더해 빈 사교계 여성들의 주목을 받아 대중적 인기를 얻게 된다.

1892년, 클림트는 아버지와 동생의 죽음으로 실의에 빠져 2, 3년 동안 거의 작품활동을 하지 못했다. 이 시기에 상징주의와 정신분석학에 관심을 두고, 이를 「사랑」이란 작품에 표현하였다. 이 작품은 '질투'의 다양한 형태를 나타낸 것으로 행복 뒤에 숨겨진 불안심리를 표현하고 있다. 이 작품으로부터 죽음과 염세주의, 관능과 에로티시즘으로 대표되는 그의 작품세계가 시작되었다. 고급예술과 저급예술, 성녀와 유녀를 구별하는 이분법을 지양하고 총체적 예술을 추구했다.

1897년, 빈 분리파를 주도적으로 창설하였는데, 이는 사회적 · 정치적 · 예술적 보수주의로부터 탈피한다는 이념을 앞장세웠다. 순수한 예술적 관심을 증진시키고 상업적 전시회 배제, 19세기 역사화로부터 벗어나 시대에 맞는 새로운 예술을 창조하고 그것을 가능하게 하는 소선을 만들고자 했다. 이를테면 전통주의와 복고주의, 그리고 역사주의에서 벗어나려는 미술을 시도한 것이다. 당대 서양미술에 대한 반항이기도 했다.

클림트는 1894년부터 1907년까지 마치와 함께 빈 대학 대강당 천장화 작업을 하였는데 끊임없이 논란에 휩싸였다. 「철학」, 「법학」, 「의학」 등의 작품이 지나치게 선정적이고 염세적이라는 비난을 받은 것이다. 그러나 클림트는 아랑곳하지 않고 오히려 「금붕어」라는 제목의 그림을 그려 응수했다. 이 그림은 나체의 세 여인이 금붕어처럼 물속에서 유영하듯 흔들리고 있는 모습이 매우 에로틱하고 선정적이다.

클림트는 빈 대학 대강당 천장화를 통해 쇠락해가는 사회가 신성시했던 원리에 도전했다. 「철학」에서는 전통적인 관념과는 반대로 빛에 대한 어둠의 승리를 표현했다. 「의학」에서는 질병을 치료하려는 의학의 무력함을 폭로했다. 「법학」은 진리 · 정의 · 법을 상징하는 세 여신에게 유죄를 선고받는 인물을 그렸다. 세 여신은 뱀으로 둘러싼 복수의 여신 에우메니데스로 묘사되었고, 그들이 내리는 형벌은 거대한 문어가 몸을 죄어오는 죽음의 포옹이다. 이처럼 클림트는 에로티시즘의 원형을 표현함으로써 결연하게 신전의 기둥을 무너뜨리고 위선적인 세력들에게 타격을 입혔다.

1910년, 클림트의 이른바 황금 시기의 첫 작품인 「유디티 1」을 그린다. 유대의 전설 속 이야기를 모티브로 삼고 있는 이 작품은 서양미술사에서 많은 작가가 즐겨 그린 것으로 적장 홀로페네스를 유혹하여 죽이고 조국을 구원한다는 내용이다. 유디트가 정사를 나눈 뒤 잠에 떨어진 홀로페네스의 목을 잘라 손으로 쥐고 있는 모습으로 흔히 그려지곤 했다. 그런데 클림트는 이전의 작가들에 의해 그려졌던 구국에 대한 결사, 혹은 비장미나 숭고미보다는 유디티의 관능과 고혹적인 부분에 초점을 맞췄다. 죽음마저 관능으로 변용시킨 것이다. 그런 까닭에 한때는 클림트를 '퇴폐적 에로티시즘' 작가라고 혹평했던 것이다.

클림트의 작품에서 남성의 등장은 매우 드문 일이다. 남성 묘사는 여성을 돋보이게 하는 역할을 한다. 남성의 얼굴을 정면으로 드러내지 않고 뒷모습을 보여주거나 여성 뒤에 배치하여 상대적으로 여성을 부각한다. 당시 세기말의 도시 빈에서 남성은 위협받고 있었으며 여성이 지배하는 세계로부터 배제된 존재였다. 「물뱀 1」, 「물뱀 2」에서 묘사한 흐르는 물속에서 사랑을 나누는 레즈비언의 나르시즘적 세계는 여성에 의해 좌우되는 세계에 대한 무서운 꿈을 예시한다. 「베토벤 프리즈 -환희의 송가」의 마지막 부분에서는 베토벤조차 무방비 나체로 표현되었다.

클림트의 회화에서 관능적인 주제로 표현된 작품에서 「다나에」는 매우 독창적인 작품이다. 왼쪽 다리가 화면 가득 클로즈업되어 있는데 주피터를 상징하는 쏟아지는 황금 빗줄기를 받아들이려고 몸을 도사리고 있다. 잠재적 성욕을 내포하는 이 작품의 변태적 관음증은 한참 에로틱한 꿈에 빠진 여인을 포착한다. 외설스러움과 대담함이 절정을 이루고 있다. 클림트가 여성의 조형미에 흠뻑 매혹당해 있음을 보여준다.

「희망 1」에서 '모태회귀'가 모든 것을 통합하는 위대한 자궁의 이미지로 등장한다. 자궁은 '인류의 희망이 살아있는 그릇'과 같은 것이다. 임신한 여인이 나타내는 강렬한 시적 이미지는 죄 · 질병 · 빈곤 · 죽음 · 탄생할 생명에 대한 모든 위협 등과 같은 은유적인 공포로 가득 채워져 모호한 의미를 띠고 있다. 이 작품은 제목이 암시하듯 부끄러워하지 않는 육체의 묘사를 통해 완벽한 여성성, 생명과 육체에 대한 찬가를 보여준다. 그럼에도 불구하고 주위를 밤과 죽음의 이미지로 나타내고 있다. 클림트는 생로병사로 이어지는 고단하고 슬픈 인간의 삶을 표현하고 싶었는지도 모른다.

「여성의 세 시기」도 「희망」이 암묵적으로 말하는 의미와 궤를 같이한다. 이 그림은 젊은 여자가 아이를 안고 있고 곁에서 머리를 풀어 헤친 늙은 여자가 고개를 숙이고 있다. 삼대가 함께 있는 이 모습은 태어남과 청춘, 그리고 노년의 시간을 보여주며 인간의 삶과 죽음을 암시한다.

「삶과 죽음」은 화면 왼쪽에 마티스풍의 청색 바탕에 오른쪽엔 누에고치 같은 오렌지빛 인물군이 엉겨있다. 청색 바탕과 오렌지색이 화면의 절반을 가르며 대비를 이루면서 청색 바탕엔 해골과 십자가가 그려졌다. 반면 오렌지색 인물군들인 어린아이로부터 여성, 남성들이 거의 무표정하다. 그리고 클림트 특유의 네모, 세모 등의 기하학적인 무늬가 그 배경을 이룬다. 삶과 죽음을 죽은 사람과 산 사람을 형상화시켜 상징적으로 보여준다.

클림트는 인물뿐만 아니라 풍경도 즐겨 그렸다. 시기적으로 경제적으로 여유가 있던 말년에 평생을 함께한 에밀리 플뢰게와 그녀 가족과 함께 아터제호수를 주로 여름에 찾아가 쉬곤 했다. 그곳에서 그는 호수, 정원, 건축물(특히 캄머성) 등의 다양한 주제를 그렸다.

클림트는 풍경화를 그릴 때 정사각형 캔버스를 즐겨 사용했다. 이는 '평화로운 분위기 속에 침잠'할 수 있게 해주거나 그려진 대상이 '우주의 한 부분'이 될 수 있도록 안정감을 준다고 믿었기 때문이다. 또한 그는 신인상주의 화가들처럼 점묘법을 사용했다. 그러나 클림트는 인상주의자들과는 달리 날씨와 빛의 변화에는 흥미가 없었다. 인상주의자들이 빛에 민감하였고 신인상주의자들은 팔레트에 과학을 들이대며 빛을 나누었다. 그러나 클림트는 「배나무」에서 점묘법으로 단지 나뭇잎이 영원히 이어질 것 같은 리듬을 창출함과 동시에 무한히 확장하는 물질성의 이미지를 달성하고자 했다. 「해바라기가 있는 정원」과 「농가의 뜰」에서는 자잘한 꽃무늬 같은 무성한 식물의 이미지로 짠 직물을 연상케 하는 풍경이기 때문에 불처럼 타오르고 이글거리는 눈빛 같은 상징적 이미지를 가진 고흐의 해바라기와는 매우 다르다. 고흐의 해바라기에서는 광기가 느껴지지만 클림트의 해바라기에서는 사랑스러운 요정이 느껴지고 신비스러워 환상적이다.

클림트는 야외 풍경화에서 예비 스케치도 없이 현장에서 바로 그렸다. 그것은 아마 풍경화에서 명상과 평정을 찾았기 때문일지 모른다. 「아터 호반의 캄머성」 연작은 클림트가 특히 좋아했던 작품들인데, 이 작품들을 통해 그는 건축적 요소를 풍경과 통합하는 문제, 즉 자연과 인공적인 것을 통합하는 문제를 연구했다. 끊임없는 평온을 그려내기 위해 클림트는 떠다니는 보트 위에서 작업을 했다. 이러한 클림트의 풍경화 속에서는 인간이 보이지 않고 식물과 꽃, 나무의 조밀함과 풍부함, 그리고 하늘과 지평선이 거의 드러나지 않는 특성을 드러낸다. 클림트가 자화상을 그리지 않은 것은 자신을 소재로 삼는 것에 관심이 없기 때문이었듯이 풍경화 속에서의 인간의 모습 또한 흥미롭지 않아서일 것이다. 누군가가 클림트에게 관심이 있다면 자신의 작품을 주의 깊게 관찰해 클림트가 누구이며, 무엇을 원하는지를 알아내는 것이 나을 것이라는 충고가 의미심장하다.

클림트의 그림은 시적인 요소들이 많다. 책을 즐겨 읽던 그의 작품들이 사색의 여백을 많이 남겨두고 있기 때문이다. 바로크적인 우아함과 몽환적인 이미지, 그리고 팜므파탈의 이미지, 화려한 색채와 기하학적인 장식 모티브 등으로 특징짓는 클림트의 작품들은 여성성을 추구하고 있다.

클림트를 떠올리면 가장 먼저 떠오르는 「키스」라는 작품일 것이다. 황금색으로 빛나는 장식적인 요소에 휩싸여, 마치 누에고치처럼 얼굴을 맞대고 입을 맞추려 하는 내면의 모습, 특히 얼굴을 내보이며 지긋하게 눈을 감은 여성의 표정은 보는 사람으로 하여금 게으르고 깊은 잠을 느끼게 한다.

클림트의 「키스」를 시로 형상화한 시인으로는 김은숙, 정선우, 정승화 시인이 있다. 김은숙은 「키스」에서 화엄을 읽고, 정선우는 자신을 일상을 「키스」에 투사시켜 오버랩시킨다. 그리고 정승화는 클림트의 「키스」를 바라보며 '키스'의 의미를 생명성으로 확장시킨다.

여기에서는 김은숙과 정선우의 작품을 살펴본다.

황금빛 숨결, 숨
막히게 아득하게

발치에서 살아나는 풀꽃까지
그 아래 벼랑의 목덜미까지 숨막힌 황홀
마냥 까마득하게

시간마저 묻은 가파른 현기에
등뼈 깊숙이엔 한 줄 연금술 새기며
몸속 수많은 꽃을 피우다 그대로 죽어도

순간이 영원이어라
그대, 오! 사랑이라는 화석
끝 모르게 모든 숨 스미는
위험한 생의 관통

-김은숙, 「화엄, 클림트의 '키스'」 전문

구스타프 클림트의 「키스」는 단연 그의 대표작으로 많은 사람의 사랑을 받고 있다. 이른바 '황금시기'에 그려진 이 작품은 남녀가 키스하고 있으나 여성의 표정이 그리 밝지 않다. 남성의 얼굴은 보이지 않고 뒤통수만 보이는데 여성의 입술이 아닌 볼에 키스하고 있다. 두 남녀는 절벽에 무릎을 꿇고 있다. 어쩌면 여성이 남성을 받아들이지 못하는 것이 아닌가 하는 생각을 하게 한다.

클림트, 키스, 1907~1908년

사실적으로 그려진 여성의 얼굴이나 팔다리, 옷감과 배경의 평면적인 무늬, 그 절묘한 대비는 이 작품이 갖는 매력 중 하나이다. 남성 옷의 직사각형 무늬는 남성을 암시하고, 여자 옷의 곡선이나 원은 여성을 상징한다. 자연주의적인 표현과 추상적인 장식성이 클림트 그림의 특징을 분명하게 나타나 있다.

김은숙은 클림트의 그림 「키스」에서 '화엄'을 읽는다. 주지하다시피 화엄이란 많은 선행을 쌓아야 가능하다. 그러므로 김은숙은 클림트의 「키스」를 보며 화엄을 읽었다는 이야기이다. 그는 클림트의 그림에서 '화엄'의 정서를 느낀 것인데 사랑하는 사람끼리 얼굴을 마주 보며 서로의 "황금빛 숨결"을 듣는다. 온통 황금빛으로 칠해진 이미지가 주는 느낌이었을 것이다. "숨/막히게 아득"했을 것이다. 황금빛을 즐겨 사용하던 시기에 그린 이 그림은 황금빛이 현란하다. 그런 까닭에 시인은 "황금빛 숨결"이라고 표현했을 것이고 황금색이라는 색채이미지에서 사랑의 기쁨, 혹은 황홀한 감정을 느꼈을 것이다. 그만큼 클림트의 그림에서 시인은 황금색에서 강렬한 느낌을 받았음이 분명하다.

시인의 시선은 맨 처음 키스하는 남녀의 얼굴을 바라보다 점차 황금빛으로 빛나는 상징적인 색채에 빠졌다가 마지막엔 여자가 무릎을 구부린 그 아래 풀꽃에 시선을 멈춘다. 그리고 풀꽃들이 피어 있는 곳이 절벽 위라는 것도 눈치챈다. 이 그림은 여러 가지 해석을 낳는다. 남녀가 절벽 위에 있는 것처럼 보인 것에 대해 '절박한 사랑' 또는 '위험한 사랑'을 암시하기 위한 장치로 이해할 수 있을 것이다. 그러나 클림트는 인물을 그릴 때 구체적인 공간을 특정하지 않는다. 그래야만 그림의 의미를 확장시킬 수 있을 것이기 때문이다. 그러므로 「키스」 또한 화면 구성상 절벽 위에 인물들이 있는 것처럼 보일 뿐, 그것이 실제의 공간이 아닐 수도 있다. 물론 이 대목에 대한 해석은 순전히 감상객의 몫이다.

그러나 김은숙 시인은 「키스」의 배경을 그림이 보여주는 대로 절벽 위, 풀꽃 위라고 해석한다. 이렇듯 「키스」의 장소를 절벽으로 설정한 까닭에 "그 아래 벼랑의 목덜미까지 숨막힌 황홀"이 될 수 있다. 즉 아슬아슬한 사랑을 즐기고 있는 사랑이야말로 독자들에게 흥미롭고 더욱 절실하게 다가갈 것이다. 그런 까닭에 "시간마저

문은 가파른 현기"증을 느낄 것이고, 온몸으로 "몸속 수많은 꽃을 피우다 그대로 죽어도" 좋을 것이라는 충만한 사랑, 원이 없는 사랑을 할 수 있을 것이다. 뿐만 아니라 그것이 마침내 "영원"에 이를 수 있는 것이 아닐까. 이처럼 절벽 위의 사랑은 "영원"을 기다리는 순간이며 "위험한 생의 관통"이기도 하다. 시인은 이러한 희열을 '키스'에서 느끼며 이것을 '화엄'이라고 한다. 에로티시즘에서 화엄을 발견한 셈이다.

김은숙의 「화엄」은 클림트의 「키스」라는 작품에 대한 인상이 짙은 작품인 데 반해 정선우의 「구스타프 클림트」는 「키스」라는 작품과 「생명의 나무」에서 얻은 시적 영감을 상상력으로 하여 자신의 삶에 대비시킨 작품이다.

초겨울 오후 풍경이 앉아 있다
창에 비친
없는 나를 굽고 있다
부스러기 같은 기억을 하나씩 벗긴다
놓친 기억을 하나씩 줍다가
슬픔이 노랗다는 것을 알았다
밀밭처럼 더 노랗게 희끗희끗하다
입을 반쯤 가린
오래된 편지 봉투 귀퉁이 같은
손가락 사이로
칠 벗겨진 구어체들이
국물에 뜬 밥알처럼
아무렇게나 굴러나닌나
탁자 위에 열시 방향의 낙서

세상에서 가장 짧고 슬픈
입술에서 풀 냄새가 난다
미안하다
풀 하나 또-옥 딴다
무명실처럼 풀려 나오는 풀의 향기
향기는 향기를 버리고 향기가 된다
시간을 사과처럼 돌려 깎는다
딱딱한 말은 씨처럼 도려내고
옆구리 물컹한 멍 자국 파낸다 왼쪽
벽에 걸린
눈을 감은 여자는
오래도록 노랗게 서 있다

-정선우, 「구스타프 클림트」 전문

정선우는 구체적으로 클림트의 어떤 작품이라고 시제에서 드러내지 않는다. 그저 클림트의 이름이 시제가 되었다. 그러나 실상은 클림트의 「키스」와 「생명의 나무」라는 두 작품을 바라보고 있다. 그렇지만 처음부터 클림트의 작품 속으로 들어가지 않는다. 화자는 "초겨울 오후" "창에 비친" 자신의 모습을 바라보고 있다. 창에 비친 자신의 모습을 바라보며 생각에 잠겨 "부스러기 같은 기억을 하나씩 벗긴다" 오랫동안 떠오르지 않던 기억을 끌어내며 "슬픔이 노랗다는 것을 알았다" 하루 중 가장 한가한 시간 화자는 창문 앞에 앉아 있다가 창문 언저리 어디께 벽에 걸린 클림트의 그림을 바라본다. 그림은 클림트의 「키스」, 혹은 「생명의 나무」이다. 그림들을 바라보면서 끊임없이 생각에 잠겨서 기억을 반추하는 화자가 '슬픔'과 '노랑'이 같은 의미인 것을 깨달은 것은 이성적인 판

클림트, 생명의 나무, 1905~1909년

단이 아닐 것이다. 어쩌면 화자가 슬픈 기억을 떠올릴 때 우수에 잠긴 클림트의 「키스」를 보았을 것인데, 키스하려고 하지만 슬픈 클림트의 「키스」가 황금색(노랑)으로 빛나고 있었기 때문에 슬픔이 노랗다고 느꼈을 것이다. 기억 속의 슬픔은 "오래된 편지" 또는 "손가락 사이로" 아무렇게 뜬 밥알 같은 구어체에는 보다 구체적인 슬픔이 간직되어 있겠지만 화자는 그걸 드러내지 않고 그저 혼자서 슬픈 감정을 느낄 뿐이다. "탁자 위에 열시 방향의 낙서" 또한 어떤 내용인지 모르지만 슬픔의 기억을 환기시켜주는 촉매제일 것이어서 화자는 "세상에서 가장 짧고 슬픈/입술에서 풀 냄새가 난다"고 한다. 화자는 또다시 벽에 걸린 클림트의 그림들을 보았을 것이다. 이쯤에서 키스하는 젊은 남녀의 모습과 화자 자신이 동일화되었던 것은 아닐까. 그러므로 클림트의 「키스」를 바라보는 화자는 더욱 슬픈 것이어서 "풀 하나 또-옥" 따는 것이다. "풀의 향기"는 키스하는 남녀의 발밑에 있던 것으로 슬픈 키스의 순간을 기억하고 있어 그것을 떠오르게 한다. 그런 까닭에 "풀 하나 또-옥" 따면 "무명실처럼 풀려 나오는 풀의 향기"는 길고 긴 슬픔을 반추시킨다. 벌써 오래전의 일이지만 "시간을 사과처럼 돌려 깎는다" 그 시간 속에는 슬픔이 배어있어서 "딱딱한 말은 씨처럼 도려"낸다. 슬픔은 감정의 현상이지만 그것에 이르게 한 어떤 계기는 언어에서 기인했을 것이기 때문에 화자는 딱딱한 슬픔을 도려내는 것으로 이해해도 될 것 같다. "옆구리 물컹한 멍 자국" 또한 '슬픔'이어서 화자는 그 슬픔을 도려내고 싶은 것이다. 또다시 화자는 "벽에 걸린/눈을 감은 여자" 즉 클림트의 「키스」를 바라보며 "눈을 감은 여자"와 동일화되어 "오래도록 노랗게 서 있"는 것이다.

정선우 시인은 클림트의 「키스」와 「생명의 나무」를 바라보며

「구스타프 클림트」를 창작했다고 한다. 두 그림은 모두 클림트의 황금시기에 그려진 작품들로 모두 황금빛이 화면에 가득한 특징을 보여준다. 클림트는 「생명의 나무」에서 요한묵시록에 등장하는 지식의 나무를 표현하였다. 이 나무는 죽음의 상징인 검은 새에 맞서 행복한 시대를 상징하고 있다. 이 그림을 그릴 무렵 클림트는 그와 동시대를 살던 프로이트를 이해하고 있던 삶의 보편적인 순환을 의미하는 그림을 그린 것이다. 검은 새가 나무 위에 앉아 있고 나뭇가지가 마치 사과껍질처럼 말아져 있다. 이러한 이미지에서 정선우 시인은 "시간을 사과처럼 돌려 깎는다"를 상상할 수 있었다. 화가 클림트를 통해 정선우 시인이 어떻게 시적 상상력을 펼쳤는지, 창작 동기와 발상의 비밀을 보여주고 있어 흥미롭다. 또한 '노랗다'의 색채이미지를 '슬프다'란 감각이미지로 변용시킨 것도 모두가 그림과 시가 어떻게 만나는지를 볼 수 있게 하여 흥미롭다.

박수근의 그림과 서림·반칠환의 시

서구 미술이 일본을 통해 우리나라에 이식된 후 가장 한국적인 서정을 화폭에 담은 화가는 단연 박수근(1914~1965)이다. 우리나라에 인상주의가 도입되어 많은 작가가 이에 경도되었지만, 그는 인상주의를 비켜갔다. 51년이라는 길지 않은 생을 사난 속에 온몸이 노출되면서도 그는 어느 유파에도 속하지 않고 독창적인 세계를 구축하였다.

유럽미술사에서 제기된 근대라는 개념은 부패한 부르주아 시민사회에 대한 반항에서 비롯되었다. 이를 수행한 것이 인상주의이다. 그러나 우리나라는 일본을 통해 검열 없이 그대로 수입하였다. 당시 우리나라는 시민사회의 위기가 아니라 일본의 식민지로 민족적인 위기를 맞고 있었기 때문에 결코 부르주아 시민사회일 수 없었다. 이러한 시대적 상황에서 박수근은 민족적 특수성을 주장할 수 있는 근거를 마련하였다.

이렇듯 시민사회적 체험의 기반이 준비되어 있지 않을 때 박수근은 독창적으로 민족적 리얼리즘 세계를 구축하였다. 이는 제도권에서 미술을 전공하지 않고 오로지 자신의 노력으로 그가 살았던 당대 서민들의 삶을 그렸기 때문이다. 만약 그가 미술을 전공했다면 틀림없이 당시 유행되었던 인상주의나 그 부근 어디께에서 서성거렸을지도 모른다.

박수근 예술의 소재적 특성은 그가 처음 작품을 시작했을 때인 1930년대부터 작고할 때까지 이어졌다는 점이다. 그가 추구하는 향토적 소재가 관광 취미에 머무는 것이 아닌 실로 오랜 자기 예술의 심화 양상이어서 특히 내국인보다 외국인에게 더욱 어필할 수 있었는데 이는 보편적인 한국인의 심성과 한국적인 풍물이 기념비적으로 각인되었기 때문일 것이다. 바로 이점이 박수근 예술의 근간이다.

어쨌든 박수근 예술의 독창성은 그를 어디에 위치시킬 것인가 하는 문제는 난감한 일이다. 아카데미즘의 주류에서도 모더니즘의 대열에서도 벗어나 있는 그의 예술의 위상을 어떤 범주나 어떤 유형으로도 쉽게 분류할 수 없기 때문이다.

박수근은 1914년 강원도 양구군 양구면 정림리에서 3대 독자로 태어났다. 집안은 농업과 상업에 종사하고 있어 비교적 유복한 편이었다. 그는 다섯 살 때 서당에 들어가 천자문을 배웠다, 일곱 살이 되면서 양구보통공립학교에 입학하였으나 아버지가 광산업에 손을 대었다가 실패한 후 양구읍내에 시계 점포를 내었으나 뜻대로 되지 않아 곤궁해졌다. 그런 까닭에 미술학교에 진학하려던 꿈을 포기하여 보통학교 졸업이 그의 학력 전부가 되었다.

박수근이 화가가 되어야겠다는 동기는 밀레의 「만종」, 「이삭줍기」 등을 대하면서부터이다. 서양사람의 작품이지만 농촌에서 자란 박수근에게 농부들의 삶은 이미 친숙한 것이어서 자연스럽게 밀레의 그림에 공감하고 농촌의 정서를 화폭에 담아야겠다는 생각을 가지게 했다. 상급학교에 진학하지 못했지만, 박수근은 계속 그림에 정진하여 1932년 18세 때 조선미술전람회에 이른 봄의 농가를 모티브로 한 「봄이 오다」는 작품이 입선되었다. 그러나 박수근은 세 차례나 고배를 마셔야 했다. 어머니가 유방암으로 자리에 눕게 되자 살림을 도맡아 하다 보니 제대로 그림 수업이 되지 않았기 때문이다.

이윽고 1936년 제15회 조선미술전람회에 어린아이를 업고 절구질하는 여인네를 모티브로 한 「일하는 여인」이 입선되었다. 이번에도 수채화 작품이었다. 이후 1937년 「봄」, 1940년 「맷돌질하는 여인」, 1943년에도 입상하여 작가로서 기반을 튼튼히 하였다.

이 사이에 박수근은 이웃집 처녀인 김복순과 결혼하게 되고 평안 도청에 채용되어 직업을 가지게 되었다. 이때가 박수근에게는 가장 안정된 생활을 하던 시기였다. 안정된 생활은 3년 만에 끝이 나고 만다.

1950년 한국전쟁이 일어나자 박수근은 서울로 거처를 옮긴다. 그는 지방 도시로 내려가 부두 노동자, 미군 PX에서 미군 병사들에게 손수건 위의 초상화를 그려주며 생계를 유지한다. 전쟁이 끝난 이후 반도호텔의 반도화랑에서 그림을 팔아 겨우 생계를 유지했는데 미국 외교관 부인 마가렛 밀러 여사의 지원이 가장 컸다.

1953년, 다시 열리기 시작한 국전에 「우물가」가 특선되고, 「노상」이 입선되면서 화가로서 인정받는다. 이듬해에 「절구질 하는 여인」이 입선, 또 이듬해에 「두 여인」이 국회 문공위원장 상을 받으면서 화가로서 확고한 지위를 다져갔다. 그러던 중 1957년, 43세 때 1백 호의 대작이 낙선되자 이때부터 폭음하기 시작했다. 그럼에도 불구하고 마침내 1960년에 국전 추천작가로 초대되고,

1962년에는 심사위원이 되어 명예를 회복하였다.

오늘날 박수근의 대표작으로 일컫는 작품들은 주로 이 무렵 국전이나 전시회에 출품된 것이다. 1959년 조선일보사 주최 현대 작가 초대전에 초대된 「봄」, 「쉬고 있는 여인」, 「노인과 유동」, 1960년의 국전 추천작가로 낸 「노상의 소녀들」, 1961년의 「노인」, 1962년의 「소와 유동」, 「농악」, 1964년의 「할아버지와 손자」 등이 그것들로 주로 대작들이다.

이렇듯 대표적인 작품들을 그리고 있는 무렵 박수근은 현실에 대한 불만, 가족을 부양해야 하는 의무감, 한쪽 눈마저 침침해가는 고통을 잊기 위해 폭음하여, 이로 인해 신장과 감염으로 발전했다. 마침내 1965년 5월 6일 병원에서 퇴원한 그는 "천당이 가까운 줄 알았는데 멀어 멀어…" 라는 말을 남기고 생애를 마감했다. 생전에 단 한 번도 개인전을 열지 못한 51세의 아쉬운 생애였다.

박수근의 해방 이전 초기작품들은 주로 농민의 모습을 보여준다. 이들 작품은 마치 흙벽을 연상케 한다. 갈색 바탕에 인물들은 극도로 제한된 색채로 갈무리하였다, 대상이 바랜 색처럼 흐릿하게 떠오를 뿐 바탕의 황갈색이 화면 전체를 덮어가는 형국이다. 박수근의 작품은 말년에 이르러 자기 고유한 양식을 구현한 것들이다. 그는 화판이나 종이 위에 캔버스 천을 입히고, 거기에 흰색, 갈색, 흑색 물감을 두껍게 여러 층을 쌓아 올리는 마티에르 기법으로 표현하였다. 그의 그림 속의 대상들은 한결같이 거친 마티에르 속에 가늘고 굵은 선으로 새겨져 있다. 그리하여 그가 묘사한 인물들은 화면 속에 고착된 암각화나 고구려 시대의 무덤 속 벽화 같은 느낌을 준다. 이처럼 내용과 형식이 모두 그를 가장 한국적인 예술가로 꼽히게 하는 요인이 되었다.

1950년대 이후에는 주로 소시민의 모습으로 바뀐다. 특히 일하는 여인의 모습을 즐겨 그렸다. 광주리 이고 가는 여인, 빨래하는 여인, 장터의 여인, 절구질하는 여인 등이 그것이다. 일하는 여성이 그의 화면에 나타난 것은 한국전쟁 이후 주로 집안에서 살림만 하던 평범한 여성들이 돈벌이를 위해 생활전에 나서면서 남성들의 공간이었던 거리에 대거 진출했기 때문이다. 이에 반해 그의 화면에서 나타나는 남성들은 늘 쉬고 있는 모습이다. 이처럼 박수근의 그림은 가부장제 속에서 노동으로 수난당하는 여성들의 모습을 보여주고 있어 페미니즘적 성격을 띠고 있다.

그리고 그의 그림의 소재적인 측변에서 눈여겨볼 것은 가지가 앙상한 벌거벗은 나무와 그 사이를 머리에 짚을 이고 걸어가는 '나목(裸木)' 그림들이다. 이는 벌거벗은 나무와 가난한 여성들을 동일시하여 그린 것이다. 즉 나목이 여성이고 여성이 나무의 은유인 것이다.

살펴본 것처럼 박수근은 1930년대에서 1960년대로 이어지는 우리는 근현대사를 관통하는 농촌과 소시민들의 삶의 리얼리티를 승화시켰다. 화면에서 펼쳐지는 마치 흑백사진처럼 아득한 전 시대의 정경에 지나지 않을지 모르나 그러한 시대의 정경을 기념화했다는 점에서 한 시대의 가장 뛰어난 것이자 우리의 정서가 이어지는 그의 작품은 가장 오랫동안 남게 될 것이 분명하다.

박수근의 그림은 앞에서 밝혔듯이 한국적인 정서를 가장 뛰어나게 잘 형상화 시킨 화가이다. 그런 까닭에 많은 시인에게 시적 영감을 제공한다. 서림과 반칠환은 「박수근」 연작을, 김혜순 「납작납작」에서 '박수근 화법을 위하여'라는 부제를 단 작품을 썼다. 서림과 반칠환은 「박수근」연작에서 소시민들의 애환과 버거운 삶의 모

박수근, 나무와 두 여인, 1962년

습을 그리고, 김혜순 역시 「납작납작」에서 소시민들의 삶과 한국적 정서를 담아냈다.

서림, 반칠환, 김혜순 등 세 시인의 관심은 박수근 그림이 보여주는 소시민들의 삶과 한국적 정서로 이것들이 시인들에게 시적 동기를 유발했다고 볼 수 있다. 여기에서는 서림과 반칠환의 작품들이 박수근의 그림과 어떻게 교감을 하고 소통하는지를 살펴보도록 한다.

오랜 가뭄 끝에
황사가 봄비에 녹아내리고 있다
누런 빗물이 무뚝뚝한 플라타너스 맨 가지를
적셔내리고 있다.
인정사정 볼 것 없이 잘라낸
뭉툭뭉툭한 몸통 여기저기
초록빛 눈이 누룽지처럼 눌러붙어 있다
말똥말똥 눈알 굴리며 눈치보고 있다
죽음보다 깊이 잠들고 싶어하는
늙고 지친 나무를
酸度 높은 봄비가 잔인하게
자명종처럼 일깨우고 있다

시간이 흐리지 않고 고여 있는 대명시장,
봄바람으로 까맣게 타 들어간 할머니가
우두커니 나무를 올려다보고 있다
도심 슬럼가,
사람과 더불어 세들어 살고 있는 플라타너스 아래
한평생 지짐만 부치며

시장통에서 울퉁불퉁 살아온 할머니,
누우런 벽지와 녹슨 유리창처럼 얼룩얼룩한 얼굴이
60년대식 생경한
사실주의적 풍경에 사로잡혀
그대로 멈추어 있다
시간을 훔친 이놈 저놈들이
마구잡이 펴가고 잘라가버린 生,
뚝뚝 부러져도 저 나무처럼
안으로만 소리내어
올 줄 하는 지혜가 있다
殘光처럼 살아남은 生의 그루터기에서
초록빛 눈알들이 송곳처럼 아프게 삐져나온다.

봄바람 저 안쪽에는
쇳조각으로
솥바닥 긁는 소리가 나고 있다.

-서림 「박수근 9」 전문

박수근의 그림에서 나무는 가난한 소시민과 노인이 동일성을 이룬다. 그의 그림 속의 대부분의 나무는 가지만 앙상한 벌거벗은 나무들이다. 서림의 「박수근 9」에서도 뭉툭뭉툭 가지가 잘린 플라타너스와 도시슬럼가의 대명시장에서 지짐을 부치는 할머니가 동일성을 이룬다. 서림 시인이 '박수근' 연작시를 쓰고자 했을 시적 발화지점은 박수근의 그림 속에 등장하는 나목과 노인들의 모습이 주는 1960년대 우리나라 서민들의 일상이었을 것이다. 그림 속의 풍경처럼 여전히 변하지 않은 시장 사람들의 궁기가 흐르는 삶에서 시인은 연민을 느끼기도 했을 것이다.

"누런 빗물이 무뚝뚝한 플라타너스 맨 가지를 적셔내리고 있"는 봄날 플라타너스는 "죽음보다 깊이 잠들고 싶어"한다. 그동안 온갖 고초를 겪으며 살아오는 동안 늙고 지쳤기 때문이다. 그 "플라타너스 아래/한평생 지짐만 부치며/시장통에서 울퉁불퉁 살아온 할머니" 역시 "누우런 벽지와 녹슨 유리창처럼 얼룩얼룩한 얼굴이/60년대식 생경한/사실주의 풍경이 사로잡혀/그대로 멈춰있다" 늙은 플라타너스 나무와 할머니가 같은 처지임을 알 수 있다. 여기에서 "60년대식/생경한 사실주의적 풍경"은 박수근의 그림 속에 등장하는 시장 사람들로 가난한 아낙네들의 모습이다. 화자가 바라보는 오늘날 대명시장 입구에서 지짐을 파는 할머니가 수십 년 전 박수근의 그림 속의 아낙네들과 오버랩되고 있다.

이처럼 화자가 주목하는 대명시장 입구에 서있는 가지가 잘린 나무와 할머니는 살아가는 것이 버거워도 황사에 젖은 봄비에 생명의 새싹을 틔우고, "뚝뚝 부러져도 저 나무처럼" 할머니는 "안으로만 소리 내어/물 줄 아는 지혜가 있다." 그러므로 나무와 할머니는 "殘光처럼 살아남은 生의 그루터기에서/초록빛 눈알들이 송곳처럼 아프게 삐져 나"오는 것이다.

서림 시인은 「박수근」 연작을 통해 박수근의 그림 속 풍경들을 시언어를 통해 재현하고 있음을 알 수 있다. 시인이 시제를 '박수근'이라고 했지만, 박수근의 삶보다는 그의 그림 속에 담긴 50년대나 60년대식 풍경들을 모두 '박수근'이라고 호명한 것도 알 수가 있다.

반칠환 시인도 '박수근' 연작시에서 박수근이라는 인물에 대한 전기형식의 시가 아니라 서림 시인처럼 박수근의 예술 속 풍경들을 '박수근'이라고 부르고 있다.

박수근, 아기보는 소녀, 1960년

잠이 든 동생 업고 고샅길 나가서
잠에 가신 엄마를 기다리던 중이었어요
깜장 치마에, 깜장 고무신,
물만 안 새면 다행이었죠

엄마요? 수십 년 안 오시고
동생요? 수십 년 안 크고
저요? 수십 년 다리 부었지만
다행히 아직도 소녀죠, 당신처럼
-반칠환 「아기 없은 소녀」 전문

아, 맥고모자 쓴 사내 셋 솥발처럼 앉아 있는 거?
그 옆에 노점 아낙에게 수작 거는 게 바로 나여
주머니에 소 판 돈 깨나 있었거든
하필 희떠운 소리 건네는 날 그릴 게 뭔가
자네 그림 유명할수록 나는 세계적으루다 망신이네

평생 아무도 주목하지 않는 가난한 서민들을
그리면서 박수근은 이렇게 중얼거렸다고 한다
'나는 인간의 선함과 진실함을 그려야 한다는,
예술에 대한 대단히 평범한 견해를 가지고 있다'

어쩌면 가장 낮은 곳이 가장 높은 곳이다
-반칠환 「시장의 사람들」 전문

박수근은 1950년대에서 1960년대에 이르는 시기에 「아기 업은 소녀」를 즐겨 그렸다. 단발머리에 검정 고무신을 신은 소녀가 등에

박수근, 노상, 1950년

서 잠든 아기를 업고 길가에 서 있 모습이다. 그 시절엔 가난한 집에선 입을 덜기 위해 남의 집에 보내 아기를 보게 했다. 또한 언니가 동생들을 보기도 했는데 등에 아기를 업고 있는 풍경이 흔했다. 이러한 시대적 배경을 전경화시킨 반칠환의 「아기 업은 소녀」는 엄마가 장에 갔다가 돌아올 무렵 "깜장 치마에, 깜장 고무신"을 신은 소녀가 잠이 든 동생을 업고 고샅길에 나가서 엄마를 기다리고 있다. 그런데 엄마는 늦는지 아직 돌아오지 않는다.

박수근의 「아기 업은 소녀」를 바라보는 화자는 더불어 유년의 풍경을 떠올릴 것이다. 어쩌면 화자 자신의 체험과 그림 속 내용과 오버랩 될 수 있기 때문에 더욱 그림이 공감이 가 「아기 업은 소녀」라는 시를 썼을 수도 있다. 옛날엔 어머니가 장에 가시면 저녁 무렵 동구 밖에서 엄마를 기다리는 일은 보편적인 체험이기도 하다.

내 기억으로도 1960년대엔 여성들은 "깜장 치마에 깜장 고무신,"을 신고 다녔다. 고무신이 찢어져 바느질하여 신는 것도 다반사였다. 1950년대에서 1960년대를 건너온 사람들이면 모두가 기억하는 일이기도 하다.

보편적인 체험은 2연에서 시인의 상상력에 의해 반전의 묘미를 준다. 엄마는 수십 년째 장에 갔다가 오시지 않고, 동생은 수십 년째 크지 않고, 화자 자신은 엄마를 기다리느라고 다리가 부어 있다. 이는 화자가 박수근의 그림 속의 시대인 1960년대 전후에 멈춰있기 때문이다. 그런 까닭에 '아기 없는 소녀'는 여전히 소녀로 멈춰있는 것이다.

'박수근' 연작시 세 번째 작품인 「시장 사람들」 또한 박수근 그림 속의 '시장 사람들'을 시로 형상화했다.

박수근은 '시장'과 관련된 작품을 즐겨 그렸다. 그림 속에 등장하는 사람들은 대부분 여인이다. 머리에 짐을 인 모습과 등에 아기를 업은 모습, 또는 좌판을 벌여놓고 앉아서 손님을 기다리는 모습 등으로 나타난다. 시인은 박수근의 특정 작품을 대상으로 쓴 시가 아니다. 박수근 그림에 등장할만한 보편적인 시장 사람들의 일상을 형상화시킨 것이다. 그림 속의 '맥고모자 쓰고 솥발처럼 앉아있는 남자' '노점아낙' 등을 재구성하여 스토리를 만든 것으로 보인다. 시장에 나가 소를 판 남자가 주머니가 두둑하여 노점상 아낙에게 수작을 건다는 것인데 그것을 그림으로 그려 놓았으니 그림 속의 남자가 "하필 희떠운 소리 건네는 날 그릴게 뭔가"하고 화가 박수근에게 남자가 말을 건다고 화자는 말한다. 그리고 "자네 그림 유명할수록 나는 세계적으루다 망신이네"하고 그림 속의 남자가 겸연쩍어하는 모습을 보여준다.

이 작품은 화가 박수근이 평생 가난한 서민들에게 관심을 가진 것에 주목하며 "나는 인간의 선함과 진실함을 그려야 한다는,/예술에 대한 대단히 평범한 견해를 가지고 있다"고 말한 박수근이 소외된 변두리 사람들을 그림으로 그린 것에 대해 그의 예술이 지향하는 지점을 가치 있게 평가하고 있다. 이는 화자가 "어쩌면 가장 낮은 곳이 가장 높은 곳이다."라고 덧붙인 것에서 시인의 의도를 짐작할 수 있다.

폴 세잔의 그림과 강세환·이원의 시

현대회화를 말할 때 폴 세잔(Paul Cézanne, 1839~1906)은 가장 윗자리에 차지한다. 그는 근대회화를 연 인상주의 이후의 화가들은 물론 오늘날까지 많은 영향을 끼치고 있기 때문이다. 고갱 · 고흐는 물론 브라크와 함께 입체파의 창시자인 피카소에게 절대적인 영향을 끼쳤다. 이밖에 마티스 · 플라밍크 · 모딜리아니에게도 영향을 주었다.

세잔은 인상파로 출발했지만, 곧바로 자신만의 세계를 구축했다. 그가 인상파에 몰입했던 것은 회화의 본질처럼 되어버린 역사 · 신화 · 기독교의 이야기를 사실적으로 그려온 기존의 회화 질서를 부정하고 자신의 느낌대로 그림을 그린 화가들의 그림에 대한 이해가 자신의 예술적 기질과 맞은 까닭이다. 모든 사물에는 자신만의 색채가 있다는 기존의 인식을 파괴하고 시시각각 변하는 빛의 양과 빛의 위치에 따라 사물의 색채가 변한다고 믿었기 때문이다.

그러나 세잔은 인상주의 그림이 지나치게 일시적이며 순간적이라고 느꼈다. 또한 그가 보았던 것을 캔버스에 단순히 옮기는 것에 만족하지 않았으며, 자연의 심장부를 깊숙이 관통해 그 내부의 변하지 않고 영원한 것을 묘사하여 사물에 영속성을 부여하려 했다. 그러므로 화가들이 풍경 · 인물 · 정물을 눈에 보이는 대로 사실적으로 그리거나 자신의 느낌을 그리는 것에 반해 오랫동안 사물을 응시하고, 자신의 생각 속에 떠오르는 사물의 본질을 그렸다. 사과를 그렸을 때 눈에 보이는 사과가 아니라 마음속에서 나타나는 사과를 그린 것이다. 그러므로 그의 사과는 맛있거나, 싱싱하다거나, 아름다운 것이 아닌, 마음의 눈에 비친 사과인 셈이다.

세잔은 1839년 1월 19일, 남프랑스의 엑상 프로방스에서 3남매 중 장남으로 태어났다. 그의 아버지 루이 오귀스트 세잔은 모자 판매상이었다가 은행을 설립하여 에밀졸라, 장바티스트 바유와 함께 단짝 친구가 된다. 돈밖에 모르는 아버지의 뜻대로 엑스대학의 법학과정에 마지못해 입학하지만, 법학을 포기하고 그림에 대한 열정을 이어간다.

잠시 파리에 나가 아카데미 스위스에서 회화와 드로잉을 배우다가, 다시 고향으로 돌아와 아버지 은행에서 일하다가 드로잉 학교에 입학한다. 1863년 아카데미 스위스에서 피사로 · 르누아르 · 모네 · 시슬리 등 인상주의자들을 만난다. 색채주의자로서의 열정은 지녔으나 그림이 과장되었다는 이유로 에콜 데 보자르에 입학하지 못한다. 이 무렵 그는 마네 · 피사로 · 용킨트 · 기요맹 등과 낙선전에 참가하지만, 평론가들은 그의 그림을 "캔버스 위에 물감을 내팽개친 듯하다"는 평을 받는다. 살롱전에 익숙한 평론가가 그의 그림을 이해하지 못했기 때문이다. 이러한 평가는 인상주의자들의 새로운 그림에 대해서도 악평을 서슴지 않았다. 당시 세잔의 그림은 어둡고, 거칠고, 표현적이며 직관적인 것으로 그 대표적인 그림이 「신문을 읽는 아버지」이다.

1874년 세잔은 인상주의 첫 번째 전시회에 참여하여 「목맨 사람의 집」, 「풍경」, 「오베르」, 「모던 올랭피아」 등이 주목받는다. 그중에도 「목맨 사람의 집」은 전경의 두 채의 집 사이로 풍경이 간신히 보이는데, 보는 이의 시선은 마치 바늘구멍을 통해 들여다보듯 후경으로 끌린다. 세 개의 나란한 면이 각각 전경, 중경, 배경을 나타내고 있으며, 이들 면들은 빛의 균일한 분포에 의해 통합되어 인상주의와는 달리 왼편의 벽이 보는 이의 시선을 붙잡는다. 더불어 두텁고 거칠게 형태를 표현하려 했던 세잔의 의도를 드러내는 특유의 화법을 선보인다. 그러나 1877년 3회 인상주의 전시회에서는 엄청난 비난을 받는다. 고등학교 때의 단짝 에밀졸라는 "세잔은 대단한 색채주의인 것 같다"며 역설적으로 비난하고, 같은 인상주의자인 에드가 드가마저도 세잔의 「빅토르쇼케의 초상」에 대해 "미친 사람이 그린 미친 사람의 초상화"라고 평가하였다. 이 그림은 피부 · 수염 · 머리칼의 모든 곳에 흑색 · 노란색 · 빨간색이 섞여 있으며, 인물의 인상을 거의 불타오르는 것처럼 보일 정도까지 밝혀주어 새로운 예술에 대한 참신한 열정이 투사된 것이었다. 예술비평가이자 작가인 위스망스는 "위대한 색채의 화가 …… 병든 망막을 지닌 예술가이자 독특한 시각적 지각으로 새로운 예술의 신호를 발견해낸 화가"라고 평가하며 세잔이 과소평가받고 있음을 지적했다.

새로운 예술을 추구하면서도 세잔은 포기하지 않고 살롱전에 작품을 출품하였지만, 끊임없이 낙선하자 1885년 다시는 살롱전에 참여하지 않겠다고 다짐한다. 당시 관전인 살롱전이 그의 예술성을 알아보지 못한 것이다.

1877년 말, 세잔은 레스타크를 떠나 남부로 돌아왔다. 이 무렵 제작한 두 점의 풍경화는 자연을 바라보는 그의 매우 상이한 관점을 보여준다. 「레스타크의 바위」에서 바위산을 클로즈업했는데 이 바위산의 정확한 크기를 측정할 수 있는 단서를 남기지 않았다. 바위가 너무 거대해 전경에 서 있는 사람이 난쟁이로 보이는 것인지, 아니면 바위를 클로즈업해 본 것일 뿐 실제로는 작은 것인지 짐작되지 않는다. 광활한 풍경에서 문명의 지표인 바다에 면한 집의 지붕은 크기를 짐작하는데 도움 되지 못한다. 비율이 정확하지 않기 때문이다. 전통적인 원근법을 무시한 까닭이다. 매우 한정된 색채를 사용한 이 그림은 그럼에도 불구하고 색조의 변화가 다양하다. 일몰의 극적인 효과를 나타내기 위해 매우 미묘한 색채의 뉘앙스를 만들어 놓았지만 후경은 단색으로 표현하였다. 그러나 바위의 극적인 외양은 빛의 순간적인 효과, 즉 어느 특정 순간에 태양이 만든 효과가 아니다. 사물 자체에서 빛이 나오는 것처럼 보인다. 색채와 형태가 만드는 효과는 서로를 강화해 풍경을 색점의 거대한 덩어리로 환원시킨다. "나는 색채만으로 원근법을 지배하고자 노력한다."는 그의 말을 실현한 것으로 볼 수 있다. 이처럼 세잔은 자연에 진실하고자 했다. 즉 대상을 오랫동안 바라보며 대상을 읽고, 그 본질을 이해했다. 그러고 난 후 머릿속에서 구상한 이미지의 형태 · 색채 · 구조에 기반해 그림의 구조를 실현한다. 이 과정에서 중요한 것은 형태를 상상이 아니라 자연세계에서 취한다는 것이다. 형태는 자연과의 유사성을 갖는다. 이는 형태가 자연에 대해 진실하다는 의미를 지닌다. 자연을 피상적으로 모사하는 것이 아니라, 자신만의 방법으로 사물을 바라보고 새로운 관점을 부여한 것이다. 이전에 아무도 보지 못한 것을 드러내 회화의 절대적인 개념을 바꾸었는데, 그것은 실제와는 다른 어떤 개념이다.

1895년 세잔은 첫 개인전을 개최하였다. 당시 세잔은 파리의 전시회와는 동떨어진, 은둔하는 삶을 살고 있을 때였다. 그때까지도 비평가들의 반응은 냉담했지만, 옛 동료 화가들과 아방가르드 예술인들은 세잔을 대가라고 했다. 세잔에게 그림을 훈수했던 정통 인상주의자 피사로는 세잔의 그림을 알아보지 못한 비평가들과 예술가들을 비판하며 "세잔의 작품들은 마치 폼페이 유적지에서 발견된 회화들처럼 초라하면서도 웅장한 가운데 '말로 할 수 없는 어떤 것'을 지니고 있다."고 칭송하였다.

이 해에 세잔은 기념비적인 작품을 제작하였다. 「커피포트와 여인」이 바로 그 작품이다. 세잔의 아내를 그린 것이다. 여인은 기하학적으로 분할된 배경으로 앉아있는데 그림의 오른쪽에 커피포트와 컵이 테이블 위에 놓여 있다. 이 부분에 주목하는 것은 모든 사물에는 고유한 모습이 있는데, 그것은 원통과 원뿔로 구성되었다고 생각했기 때문이다. 숟가락의 손잡이가 자세하게 그려진 것은 그림 전체를 수직 구도에 담으려는 의도를 강조하기 위해서이다. 원통형으로 묘사된 커피잔과 커피포트도 이를 잘 보여준다. 여인의 푸른 원피스에서 수직으로 내려오는 선과 커피포트가 이를 더욱 강조하면서 단아하고 단정한 분위기를 연출한다. 이렇듯 세련된 자신만의 독특한 공간처리는 입체주의 화가들에게 깊은 영향을 주었다.

세잔은 인물 · 풍경 · 정물과 더불어 인물과 풍경을 조합한 「수욕도」를 많이 제작했다. 「수욕도」 시리즈에서 성을 엄격하게 분리하려는 관능적인, 즉 에로틱한 요소와 상황을 피하기 위한 선택이었다. 이는 그의 인물 형상들이 내재화되어 정신적인 존재가 되었음을 의미하며, 내용으로부터 자유로워졌기 때문에 그의 그림이 순수하게 형태적이고 구성적인 문제에 전적으로 집중할 수 있음을 말해준다.

세잔의 「수욕도」에 나타나는 인물들은 개별성보다 통합적으로 나타난다. 더불어 인물협상은 몹시 단순하고 거칠게 묘사되었다. 여성들을 그린 「대수욕도」에서 관능미와 부드러움은 사라지고 개인성 · 일시성을 배격해 풍경과 같은 방식으로 인물 형상을 일반화했다. 이는 남성들을 그린 「대수욕도」에서도 마찬가지이다. 남성성을 제거해버려 하나의 정물이거나 풍경으로 인물들을 묘사한 것이다.

다시 말해 세잔은 「대수욕도」에서 인간과 자연이 조화로운 통일을 이룬 새로운 아르카디아라는 개념을 표현했다. 여기에서 화가 자신은 이 조화에 참여하지 않았다. 그림 속의 인물들이 현재 무엇을 하고 있는지를 분명하게 드러내지 않음으로써 그들의 개성을 제거하고 불멸의 존재로 만들어버린 것이다. 인물들은 이상적인 좌대 위에 놓여있지 않고 동시대의 일상에서도 취한 형상도 아니다. 그림 속 인물들은 예술적인 목적을 위해 재창조된 추상적인 존재일 뿐이다. 그들의 불완전성과 의도된 결핍을 19세기 미술이 신봉하던 신화를 깨뜨렸다. 즉 구성, 색채, 형태가 지배하고, 화면의 내재적인 법칙에 순응하는 새로운 형태의 미술이 가능하게 된 것이다.

현대회화의 선구자로 불리는 세잔은 인상주의에 새로운 골격을 부여하고 보다 견고한 예술을 창조한 화가로 평가받는다. 모든 사물에는 원통과 원뿔이 근간이 되어 본질이 된다는 그의 생각은 입체주의와 추상회화가 탄생하는 데 커다란 영향을 주었다. 세잔에 대해 메를로 퐁티는 그의 풍경화를 '시각의 현상학'이라고 불렀고, 노보트니는 세잔의 작품을 시점의 복수화와 수평선의 높이의 변경 같은 것이 인정되어 '과학적 원근법의 종말'이라고 논했다. 이렇듯 현대회화의 거장 세잔은 지금도 여전히 예술적 충격과 감동을 주고 있다. 오늘날 예술이 점점 일종의 오락이 되어가고 있는 시대에 전통과 창조와의 관계, 진지하고 이론적인 제작 태도, 깊은 인간성 등은 세잔의 예술이 얼마나 위대한지를 보여준다고 하겠다.

세잔은 대가이면서도 그의 그림은 시인들에게 시적 동기를 유발하기에는 쉽지 않다. 초상화, 풍경, 정물, 목욕하는 사람들이 주를 이루기 때문이다. 특히 그의 그림들은 동시대를 살았던 인상주의 화가인 마네, 모네, 르누아르, 드가 등의 그림들이 시인들에게 매력적으로 다가온 것에 비해 이야깃거리가 별로 없는 까닭이다. 이는 사물을 자신의 느낌으로 그린 인상주의에서 그림이 출발했지만, 세잔은 인상주의의 본질에서 변모하여 색채로 원근을 보여주고 사물을 자신의 내면으로 끌어들여 깊이 분석했기 때문이다. 이러한 그의 그림은 후배 화가들에게 많은 영향을 끼친 것이 사실이지만 시인들에게는 큰 흥미를 유발하지 못한 것도 사실이다. 그럼에도 불구하고 「카드놀이 하는 사람들」은 시인들에게 시적 동기를 제공하였다. 이는 '카드놀이'가 시민들의 일상적인 삶을 나타내는 주제이기 때문이다. 즉 세잔이 세상을 떠난 지 100여 년이 지난 오늘날에도 시민들의 삶에 밀착된 것이기에 시인들에게 시적 동기를 제공했다고 볼 수 있다.

세잔의 그림에서 영감을 얻은 시인으로는 「카드놀이 하는 사람들」을 쓴 강세환과 「과일, 병, 칼이 있는 정물」을 시로 형상화시킨 이원이 있다. 두 시인 모두 세잔이라는 화가의 삶에 대해 관심을 갖지 않고 그의 작품에서 시적 동기를 갖는 특징을 보여준다.

강세환의 「카드놀이 하는 사람들」에서는 하루를 마치고 카드놀이로 고단함을 푸는 소시민들의 일상을 엿볼 수 있다. 이원의 「과일, 병, 칼이 있는 정물」은 오늘날 우리 생활 속에 깃든 모순을 드러내고 있다.

폴 세잔, 카드놀이 하는 사람들, 1892년

너의 고단하고 힘겨운 하루가
세잔의 캔버스에선 그림이 되고
내게 와서는 한 줄의 시가 되어라

너는 흙 묻은 이마의 땀을 식히고
네 식구는 부뚜막에 앉아 삶은 통감자 몇 개로
비로소 완성되는 네 평화로운 저녁

세잔은 카드 몇 장 들고 하루 저녁을 건너가고
나는 구겨버린 시 한 편을 바라보며
담배 한 대로 하루 저녁을 건너간다

몇 날을 참다 울음소리 터져버린 저 매미들도
애써서 썼던 시 한 편을 툭 던져버린 나도
잘 산다는 것은
카드 몇 장을 만지작거리며 기다리는 거라고

-강세환, 「카드놀이 하는 사람들」 전문

세잔의 「카드놀이 하는 사람들」은 연작으로 5편을 그렸다고 한다. 연작에는 사람들이 5명, 또는 4명이거나 2명이 등장한다. 이들 작품은 세잔의 대표작들로 꼽아도 손색이 없는 것으로 평가된다. 균형 잡힌 구도, 꼼꼼하고 빈틈이 없는 제작, 은은하면서도 깊은 색채, 침착한 기품과 모뉴멘틀한 인상을 준다. 이 그림들은 프로방스 노동자들의 고단함과 삶의 소박한 위엄을 강조하고 있다. 등장하는 인물이 네 명인 작품에서는 그림을 지배하는 색채는 시원하고 창백한 푸른 빛이다. 카드놀이 하는 사람들의 손과 얼굴은 외부의 고요함 가운데서 내적 긴장과 집중을 암시하는 따뜻한 오렌지 색조로 묘사했다. 오른쪽 사람의 푸른 작업복은 인물의 머리 위에서부터 내려온 따스한 오렌지빛 커튼과 시원한 대조를 이룬다. 여기에서 커튼은 구성적인 목적을 위해 등장한다. 만약에 커튼을 그리지 않았다면 전체적으로 푸른 빛을 띤 이 작품에서 따스함이 없었을 것이고 화면 또한 비어있는 느낌이 들 것이다. 그러므로 오렌지빛 커튼을 의도적으로 그린 것으로 볼 수 있다.

강세환이 세잔의 「카드놀이 하는 사람들」 연작 중에서 어떤 작품을 보았는지는 알 수 없지만 "너의 고단하고 힘겨운 하루"에서 보듯 '너'라는 한 사람을 지칭하고 있는 것으로 보아 한 사람이 등장하는 그림을 보았을 가능성이 크다. 그러나 필자는 아직까지 인물이 혼자 등장하는 그림을 보지 못한 까닭에 우리나라에 소개되지 않은 것으로 생각되기도 하지만 시인이 어떤 그림을 보았는지는 중요하지 않다. 「카드놀이 하는 사람들」 연작 모두가 고단한 일과를 마친 노동자들의 달콤한 휴식을 나타냈기 때문이다. 더불어 시인이 그림 연작의 제목들과 같은 「카드놀이 하는 사람들」이라고 하여 복수 개념을 나타냈기에 이러한 유추가 설득력을 갖는다고 생각된다. 그럼에도 불구하고 시인은 시적 모티브가 된 인물에게 "너의 고단하고 힘겨운 하루가/세잔의 캔버스에선 그림이 되고/내게 와서는 한 줄의 시가 되어라"라고 노래한다.

그림 속 노동자의 삶이 세잔에게는 그림의 모티브가 되었다 하고 화자에게는 "한 줄의 시"가 되라고 한 것은 노동자의 고단한 삶과 휴식이 화가이건 시인이건 예술적 영감을 주었기 때문이다. 그러나 엄밀하게 따지면 세잔이 노동자의 일상에 관심이 있어서 이 그림을 그린 것이 아니다. 그것은 인물마저도 정물이나 풍경처럼 그렸기 때문이다. 그러나 세잔이 「카드놀이 하는 사람들」을 풍속화 개념으로 그린 것이 아니어도 상관없다. 화자의 눈에 그렇게 보였기 때문이다.

둘째 연에서 "너는 흙 묻은 이마의 땀을 식히고/네 식구는 부뚜막에 앉아 삶은 통감자 몇 개로/비로소 완성되는 네 평화로운 저녁"이라고 했는데 세잔의 「카드놀이 하는 사람들」 속 인물이 온종일 들에 나가 농사짓느라고 이마에 묻은 흙과 땀을 식히고, 가족은 "부뚜막에 앉아 삶은 통감자 몇 개"를 먹는 소소한 일상을 그린다. 고흐의 초기작품 「감자를 먹는 사람들」을 연상시키는 이 대목은 19세기 프랑스 노동자들이 단란한 저녁 한때를 따스하게 보내는 특별하지도 않은 일상을 통해 그들의 삶이 완성된다는 인식의 결과이다.

그러나 "세잔은 카드 몇 장 들고 하루 저녁을 건너가고/나는 구겨버린 시 한 편을 바라보며/담배 한 대로 하루 저녁을 건너간다"에서 보듯 화가와 시인의 일상은 행복하고 평화롭지 않음을 암시한다. 한 발짝 떨어져 바라보면 일과를 마치고 카드놀이 하는 노동자를 그리는 화가와 화가가 그린 그림을 보며 시를 쓰는 사람의 일상이 노동자처럼 만족스러운 삶이 아니라고 한다. 특히 "나는 구겨버린 시 한 편을 바라"본다에서 시가 잘 쓰이지 않아서 만족스러운 하루가 되지 못하는 것을 짐작할 수 있다. 이것은 "몇 날을 참다 울음소리 터져버린 저 매미들"처럼 인간의 삶은 고통스러운 것이어서 그것을 참다가 마침내 울음소리를 터뜨린 것과 같은 것으로 화자 자신이 쓰는 시가 카드놀이보다 가치 있는 일이 아니라는 것을 깨달았기 때문일지도 모른다. 화자가 "애써서 썼던 시 한 편을 툭 던져버린" 것으로 유추할 수 있다. 그런 까닭에 화자가 인식하는 "잘 산다는 것은/카드 몇 장을 만지작거리며 기다리는 거라고" 진술하는 것으로 이해할 수 있다.

많은 시인이 자신이 시인이라는 것에, 또는 자신이 쓰는 시가 대단한 것이라고 생각하는 경향이 있는 것이 사실이다. 그렇지만 시는 정서를 풍요롭게 하는 것은 분명하지만, 시가 대단하다는 생각보다, 시시한 것이라고 인식할 때 "애써서 썼던 시 한 편을 툭 던져버"리는 일은 없을 것이다.

이원의 「과일, 병, 칼이 있는 정물」은 미국의 조각가이며 화가인 조지 시걸(George Segal, 1924~2000)의 조각작품 제목이다. 세잔의 그림과 그것을 본 시인의 상상력을 살펴보는 여기에서 뜬금없이 조지 시걸의 조각을 이야기하는가. 조지 시걸의 이 작품은 세잔의 같은 제목의 그림을 조각으로 형상화시킨 것이다. 그러므로 조

폴 세잔, 양파와 술병, 1895~1900년경

지 시절의 작품을 시인이 보고 있지만 본래 원텍스트와 함께 살펴보는 것이 훨씬 유용할 것 같다.

사각 탁자에 초록색 병이 하나 놓였다
병 속에 담긴 시간은 파릇파릇한 초록색이었지만
소리는 모두 삭제 되었다
병의 왼쪽으로
붉은 사과 여섯 개와
노란 레몬이 두 개 놓였다
그들의 시작이었다고 꼭지가 떨어진 곳이 위를 향했다
병의 그림자는 구부러진 채 허공에 걸렸고

사방에서 벽지의 무늬들이 간격을 좁혔다
과도는 사과와 레몬 사이에서 빛났다
인간이 잡을 손잡이는 나무로 만들어져 있었지만
은빛 칼날은 이미 레몬의 그림자 안쪽을 찌르고 있었다
탁자는 우물처럼 고요했고 그러나 나직했다
사과와 레몬이 제 그림자를 파고들 때
하얀 접시는 공기를 터뜨리며
탁자의 오른쪽 끝에 놓였다.
공포는 흔적을 앞세우지는 않는다
뜨거운 침묵 속으로 또다시 학살의 시대가 오고 있다

-이원,「과일, 병, 칼이 있는 정물」 전문

강세환의 시 「카드놀이 하는 사람들」은 세잔의 그림을 따라가며 형상화시킨 것이 아니지만, 이원의 「과일, 병, 칼이 있는 정물」은 조지 시걸이 조각작품으로 형상화시킨 세잔의 그림을 조지 시걸을 통해 바라보며 시선을 움직이며 시를 전개하는 차이를 보여준다.

이원의 작품세계는 과학 문명이 낳은 현대사회 시스템에서 모순과 부조리를 발견해낸 것들이 주류를 이룬다. 편해야 할 문명의 이기가 우리를 불편하게 하는 것들을 노래해 온 시인으로 평가받는다.

이 작품도 예외는 아니다. 이 작품은 독자 친화적이지 않아 읽기가 불편하다. 그러나 시를 통독하면 어떤 살의(殺意)와 공포가 작품의 바닥에서 느껴진다. “소리는 모두 삭제되었다”, “꼭지가 떨어진”, “병의 그림자는 허공에 걸렸고”, “사방에서 벽지 무늬들이 간격을 좁혔다”, “은빛 칼날은 이미 레몬의 그림자 안쪽을 찌르고”, “사과와 레몬이 제 그림자를 파고들 때”, “침묵”, “학살의 시대” 등이 그것을 말해준다.

조지 시걸, 「과일, 병, 칼이 있는 정물」

화자는 조지 시걸을 통해 세잔의 그림을 살핀다. 제일 먼저 "사각 탁자에 초록색 병이 하나 놓"여 있음을 본다. 그 "병 속에 담긴 시간은 파릇파릇한 초록색이었지만/소리는 모두 삭제 되었다" 일상적으로 볼 때 '사각 탁자에 놓인 초록색병'은 매우 평범한 모습이다. 오히려 '초록색'에서 생명성을 느낄 수 있다. 그러나 "병 속에 담긴 시간은 파릇파릇한 초록색이었지만" 병 속에 담긴 시간은 살아있는 것이 아니다. 병 속에 갇혀있기 때문이다. '시간'이라는 개념은 살아있는 것들에게만 적용되는 실재의 지각력이므로 병 속에 갇힌 시간은 '죽음'과 다를 바가 없다. 뿐만 아니라 "소리는 모두 삭제 되었"으므로 이것 또한 '죽음'일 수밖에 없다. 주지하다시

피 '소리'는 존재를 확인시켜주고 규명하는 증거이므로 '삭제된 소리'는 '죽음'의 또 다른 이름일 뿐이다.

화자의 시선은 초록병에서 "병의 왼쪽" "붉은 사과 여섯 개와/ 노란 레몬이 두 개"로 향한다. "붉은 사과"와 "노란 레몬"은 본래 '살아있었던 존재'이다. 그러나 사각 탁자에 놓여있는 열매들은 이미 "그들의 시작이었"던 "꼭지가 떨어"졌기 때문에 살아있는 것으로 볼 수 없다.

화자의 다음 시선은 다시 "초록병"을 향한다. "병의 그림자는 구부러진 채 허공에 걸"려 있다. 사물이 빛을 받으면 사물의 형상을 닮은 그림자가 생기기 마련인데 그림자가 구부러졌다는 것은 어떤 병증을 나타내거나 죽음을 암시한다.

화자의 시선은 초록병 뒤쪽의 벽지 무늬로 이동한다. 이 벽지 무늬는 세잔의 살았던 19세기 말에 유럽의 화가들이 즐겨 그린 무늬 중의 하나이다. 일종의 자포니즘(Japonism), 즉 일본의 문화에 영향받아 작품 속에 등장시키곤 했는데 마네와 모네 등 인상주의 화가들이 즐겨 그리곤 했다. 세잔 역시 일본문화의 영향을 받아 그의 정물화에 자주 벽지 무늬를 그리곤 했다. 그런데 세잔의 정물화를 조각으로 형상화시킨 조지 시걸의 작품에서는 벽지 무늬가 등장하지 않는다. 아무렇게나 물감이 칠해져 있을 뿐이다.

화자의 시선이 머문 "벽지의 무늬들이 간격을 좁혔다"에서는 참으로 공포스럽다. 사방에서 벽지 무늬들이 좁혀왔기 때문이다. 화자의 시선은 벽지에서 화면 중심으로 이동하여 화면 중앙의 아래쪽으로 옮긴다. 과도 좌우에 사과 여섯 개와 레몬 두 개가 놓여있는데 과도가 그 사이에서 빛나고 있다. 뿐만 아니라 "은빛 칼날은 이미 레몬의 그림자 안쪽을 찌르고 있"다. 끔찍한 모습이다. 아니다. 과일 사이에 과도가 있는 것은 당연한 일이 아닌가. 그렇지만 "인간이 잡을 손잡이는 나무"인 까닭에 과도가 위험하지 않다. 레몬을 찌르는 주체 또한 인간이다. 생각이 이쯤에 이르면 녹슬지 않아 은빛으로 빛나는 과도는 살의(殺意)를 간직하고 있는 것이 분명하다. 그러므로 인간은 가장 무섭고, 두렵고, 폭력성을 지닌 존재인 것이다. 초록병과 과일이 놓여있는 탁자 또한 "우물처럼 고요했"지만 실상은 과도의 은빛이 무섭다. 이렇듯 살의와 공포가 놓여있는 탁자 위의 "사과와 레몬"은 제 그림자를 파고들지 않을 수 없다. 그리고 "하얀 접시는 공기를 터뜨"린다고 하는데, 본래 접시는 하얀색이 아니었는지도 모른다. 공포 때문에 하얗게 질려있는 것은 아닐까. 그래서 놀라 공기를 터뜨리는 것으로 조금 억지 해석도 가능하다. 그렇다면 오른쪽 끝에 접시가 있는 것은 사각 탁자가 공포스러운 공간이어서 벗어나고 싶었기 때문이라고 말할 수 있겠다.

공포가 들끓는 이 작품에서 더욱 공포스러운 것은 "공포는 흔적을 앞세우지는 않"은 것이기 때문이다. 그러므로 "뜨거운 침묵 속으로 또다시 학살의 시대가 오고 있다"며 화자는 우리 사회 속에 깃든 온갖 공포를 예견한다.

지금까지 세잔의 그림이 담고 있는 정서를 조지 시걸이 조각으로 변형시킨 것을 이원 시인에게 이르러 공포스러운 정물이나 풍경으로 다시 태어나는 과정을 살펴보았다. 이는 미술과 문학이 어떻게 교감하고 만나지는지를 보여주는 좋은 예가 될 것이다.

폴 고갱의 그림과 이건청·최서림의 시

고갱은 세잔처럼 피사로에의 영향을 받아 인상주의에서 출발해 인상주의를 넘어 새로운 영역을 개척하였다. 종합주의와 클루아조니즘(Cloisonisme)을 탄생시키고 상징주의로 귀착한 이단아이다. 내가 무엇보다도 그를 좋아했던 것은 인위적인 서구사회를 벗어나 인류의 근원과 원시 사회로의 귀의를 주장한 것 때문이다. 모네가 근대화되어가는 도시풍경을 그릴 때 고갱은 자신의 신념을 실천하기 위해 남태평양 타히티섬에서 원주민들과 함께 살며 강렬한 충격을 주는 그림을 그리다가 마르키즈제도에서 삶을 마감하였다.

폴 고갱((Paul Gauguin, 1848~1903)은 프랑스 파리의 몽마르트르 구역, 노트르담 드 로레트가에서 태어났다. 아버지는 기자였고, 어머니는 스페인과 페루 혈통의 여성이었다. 고갱이 1세가 될 때 가족이 페루로 이주하여 6년간 그곳에서 살았는데 이때 보고 들은 이국의 풍광과 관습은 고갱의 가슴 속에 깊이 각인되어 그의 작품에 자양분이 되었다. 7세 때 아버지가 죽자 어머니는 누이와 그를 데리고 프랑스로 돌아와 오를레앙에 정착했다.

고갱의 17세 때 사관후보생으로 군대에 가 남미, 지중해, 북극해 등을 떠돌아다녔다. 복귀한 후에도 해군에서 복무했다. 24세 때 파리 증권거래소에서 주식 중개인으로 여유 있게 살았다. 이때 프랑스에 여행 온 덴마크 처녀 메테 가트와 결혼해 자녀 다섯을 두었다. 그는 그림을 수집하다가 취미로 그림을 그렸는데, 인상주의자인 피사로를 만나면서 전업 화가의 길로 들어선다. 그러자 증권거래소 중개인도 그만두어 생계가 어려워졌다.

고갱은 피사로 등 인상파 화가들과의 인연으로 1879년부터 인상파 전시회에 작품을 출품하기 시작했다. 1881년 인상파 전에 출품한 「나부습작」은 대단한 호평을 받았다. 이 그림은 그동안의 피사로풍의 풍경화와는 색다른, 무엇인가 불타는 듯한 것이 나타나 있다. 아직 출구를 발견하지 못하고 그의 내부에서 타고 있던 것이, 순간적으로 넘쳐 나온 듯한 느낌을 주는 작품이다.

1886년 어려운 가정형편 때문에 아내와 많은 갈등을 겪다가 마침내 완전히 결별한 고갱은 경제적인 곤궁함을 해결하기 위해 브르타뉴 지역의 퐁타방으로 이주했다. 그해 그린 「퐁타방의 빨래하는 여인들」, 「브르타뉴의 시골 여인들」 등에서는 혁신적인 구도, 단순한 형태 묘사, 우아하면서도 신비로운 인물의 표정과 시선 처리 등 고갱의 새로운 모색이 나타난다. 1888년 고갱은 반 고흐를 알게 되고 아를에서 공동생활을 하게 된다. 그러나 곧 고흐와 결별하고 마르티니크섬을 여행하게 되는데, 열대지방의 색채와 관능, 원시 공동체의 단순한 생활에 감명받는다. 이로써 고갱은 인상파와 완전히 결별하고 원시미술로의 회귀하게 된다.

고갱의 새로운 표현 형식은 「설교 후의 환영」, 「안녕하세요 고갱 씨」 등을 통해 나타나는데, 형태와 크기의 왜곡, 선명하고 임의적인 색채, 단순화되고 평면적인 형태 묘사, 짙은 윤곽선 등을 통해 사실주의와 인상주의의 옷을 벗어버리고 고갱 고유의 표현방식을 찾아낸다.

1891년 마침내 고갱은 타히티로 떠나 오두막집에서 살게 된다. 타히티에서 아내에게 편지를 보냈는데, 이른바 고독한 행복을 즐기는 듯한 내용이다. "타히티 밤의 고요함은 무엇보다도 이상한 것이오, 있는 것은 밤뿐, 휴식을 방해하는 소리 하나 들려오지 않소. 여기서, 또 거기에서도 메마른 나뭇잎이 떨어지지만, 소리라는 느낌이 들지 않는다오. 허공을 스치는 영혼 같은 것이오. 토인들이 밤에도 나다니지만, 맨발이기 때문에 아주 조용하오. 있는 것은 고요뿐이라오. …… 유럽의 생활에 있는 그 복잡한 일들은, 이미 무엇 하나 이곳에는 없다오. 내일도 모레도 아니, 언제까지나 이 상태가 계속되어갈 모양이오." 편지 내용으로 보아 고갱은 결코 명랑하지는 않지만, 초조함이 없는 어두운 고요를 느끼는 있는 것으로 보인다.

이 무렵 고갱의 그림은 「지켜보고 있는 망자의 혼」, 「기쁨」, 「타히티의 전원」, 「고귀한 여인」 등에서 원시적인 관능을 지닌 타히티 여인들과 열대 낙원의 풍광, 타히티의 신화에서 얻은 소재들이 엿보인다.

타히티에서의 삶은 결코 낙원이 아니었다. 프랑스 식민지였던 타히티는 원주민 문화가 많이 파괴된 상태였다. 고갱은 가난과 질병, 원주민 아내 파후라와의 사이에서 낳은 아이의 죽음, 사랑하는 막내딸 알린의 죽음 등으로 자살을 시도했다. 그리고 심한 우울증에 시달렸다. 일련의 사건들에 충격을 받은 고갱은 「그리스도의 탄생, 신의 아들」, 「두 번 다시」에서 우울과 불안정함이 나타나 있다. 고갱은 낙원이라고 찾아간 타히티 생활에 환멸을 느끼기 시작했다. 두 아이의 죽음 이후 그려진 그의 대표작 「우리는 어디에서 왔는가? 우리는 누구인가? 우리는 어디로 가는가?」는 1897년 타히티에서 그린 것으로 인간의 생로병사를 그린 작품이다. 오른쪽의 어린아이는 생명의 탄생을, 그리고 중간쯤에 보이는 그림에서는 사랑과 청춘을, 그리고 마지막에는 노파의 그림을 배치함으로써 인간의 과거와 현재, 미래를 그려 인간 존재의 근원을 탐구하는 철학적인 작품으로, 무의식과 상상력만을 이용해 그린 것이다.

1901년, 고갱은 타히티를 떠나 마르키즈제도로 향한다. 그곳을 지상낙원이며 원시세계라고 생각했던 것 같다. 그곳에서 고갱은 다시 활력을 얻어 「그리고 그 여성들의 나체의 금빛은」, 「해변의 기수들」, 「미개한 이야기」 등을 그렸다. 그러나 건강이 악화되어 1903년 5월 8일 심장마비로 숨을 거두고 만다. 편하고 안정적인 직업인 증권거래 중개인의 삶을 버리고 평생 이곳저곳을 떠돌아다니다가 그가 꿈꾸는 원시세계를 찾아가 "원시미술은 영혼으로부

폴 고갱, 우리는 어디서 왔으며, 누구이고 어디로 가는가, 1897년

터 나온다."고 주장하며 '원시미술로의 회귀'를 주장했던 고통스럽고, 외로운 삶을 살다 세상을 떠난 것이다.

가난한 인간의 영혼을 추구하여 원시성과 영혼의 자유를 지향한 고갱의 그림은 오늘날 과학 문명으로 인한 물질주의에 소외된 사람들의 영혼을 위로하고자 하는 시인들에게 관심 끌기에 매우 의미 있는 작품세계를 보여준다.

고갱을 시 속에 끌어들인 시인으로는 이건청과 최서림 시인이 있다. 이건청 시인은 고갱의 타히티 시절의 원주민 아내를 소재로 한 「테헤마나」를 통해 테헤마나의 관능과 원시성을 노래하였다. 이에 비해 최서림 시인은 「고갱 1」과 「고갱 2」에서는 타히티 시절을 배경으로 그린 고갱의 그림 속 풍경과 오늘날 시인이 사는 시골 풍경을 오버랩시키며 한때의 시골 모습을 보여준다.

테헤마나여, 그대가 풀밭에 앉아
피리를 분다. 하반신만
빨간색 치마를 두르고 있다.
유방이 그냥 드러나 있다.
늘어난 젖무덤, 까만 꼭지가 붙어 있다.
긴 발가락이 드러나 있다.
테헤마나여, 노란 꽃, 빨간 꽃들이
터지고 있다. 힘센
태반이 뿜어내는 원색의 화염.
원시의 여자 테헤마나여,
그대가 풀밭에 앉아
피리를 분다. 문명을 버리고 그대를
찾아간 남근의 화가 폴 고갱을

통째로 품고도 불길을 재울 수 없어
딴 사내를 찾아간 여자.
테헤마나여, 열대 원시의 꿈,
생기의 여자,
그대 피리 소리 속에선
자욱 자욱히 옥수수 잎이 스친다.
푸르르 푸른 새가 날아오른다.
수시로 유리창이 깨진다. 눈도 귀도
맑게 열린다. 테헤마나여
그대가 풀밭에 앉아 피리를 분다.

-이건청, 「테헤마나」 전문

테헤마나는 한때 고갱이 타히티에서 함께 살았던 여성이다. 그때 고갱은 마흔세 살이었고 원주민 소녀 테헤마나는 겨우 열세 살이었다. 테헤마나의 어머니가 고갱이 부유한 유럽인이라고 소개해 만났지만 가난한 화가와의 결혼생활은 오래가지 않았다. 그러나 원시를 찾아 떠나온 고갱에게 타히티에서 테헤마나를 만나 살았던 시기는 참으로 행복했다.

이 작품은 고갱의 그림 속에 등장하는 여러 장면을 종합해 시로 형상화한 것으로 짐작된다. 「빨간 꽃과 유방」에서는 유방을 드러낸 채 쟁반에 꽃을 든 모습을, 「아레아레아, 즐거운 한때」에서는 긴 머리의 여성이 앉아 피리 부는 모습, 그 외 원시적인 관능성이 보이는 작품들에서 얻은 이미지로 테헤마나를 새롭게 구성한 것으로 보인다.

"테헤마나여, 그대가 풀밭에 앉아/피리를 분다. 하반신만/빨간색 치마를 두르고 있다./유방이 그냥 드러나 있다."는 타히티 여인들의 원시성과 관능을 보여주는 대목으로 근대화된 프랑스와는 달리 여전히 원시적인 삶을 사는 프랑스령 타히티 여인들은 맨발과 함께 옷을 잘 걸치지 않고 있음을 드러내고 있다. 이러한 모습은 고갱의 많은 작품에서 그대로 보여주고 있다. 특히 「빨간 꽃과 유방」은 어둡고 추상적인 배경에 두 여인이 가슴을 드러내고 있다. 두 여인 중 왼쪽에 서 있는 여인을 그림의 주제로 삼고 있는데 꽃을 담고 있는 쟁반이 가슴 바로 아래에 배치되어 마치 쟁반에 가슴을 담고 있는 관능미를 여실히 보여준다. 오른쪽 여인의 손에는 꽃이 들려져 있어, 흔히 여성을 '꽃'에 비유하듯 원시성을 간직하고 있는 타히티 여인들의 여성성을 대변하는 듯하다. "늘어난 젖무덤, 까만 꼭지가 붙어 있다." 역시 타히티 여인의 여성성과 관능미를 한껏 형상화하고 있는데, 시인은 문명사회에서 비껴서 있는 원시성을 간직한 여성의 모습을 강조하고 있다. "긴 발가락이 드러나 있"는 것과 "노란 꽃, 빨간 꽃들이/터지고 있다." 또한 원시성과 여성성을 보여주고 있으며, "태반이 뿜어내는 원색의 화염."에 이르러서는 아직 훼손되지 않은, 문명의 세례를 받지 않은 타히티의 자연과 원시성을 강조하고 있다. 이렇듯 때 묻지 않은 자연에서 사는 테헤마나 영혼의 건강함을 이건청 시인도 고갱이 추구했던 이념을 그대로 표현하고 있다. 이건청 시인의 이 작품에서는 "그대가 풀밭에 앉아/피리를 분다."가 말해주듯 아직도 자연을 숭배하고 있는 타히티의 원시성을 보여준다.

테헤마나가 피리를 불고 있는 모습은 주술적인 모습을 연상시킴과 더불어 테헤마나라는 여성의 원시성을 강조한 것으로 짐작된다. "남근의 화가 폴 고갱을/통째로 품"기도 하고 그것도 부족해 "딴 사내를 찾아간 여자"가 말해주듯 관능의 불길은 또 다른 사내를 유혹하는 힘을 가졌는데, 바로 그것이 "피리 소리"가 아닐까. 이처럼 테하마나의 피리 소리는 관능성뿐만 아니라 "자욱 자욱히 옥수수 잎이 스"치기도 하고 "푸르르 푸른 새"를 날아오르게 하는 마법을 지닌 주술사의 주문 같은 힘을 지닌 것으로도 볼 수 있다. 다시 말해 타히티 여인 테헤마나는 관능이라는 욕망을 추구하기도 하고, 더불어 자신도 건강하고 생명력이 넘치는 원시성을 지닌 자연의 일부로 존재한다. 그런 까닭에 문명으로 상징되는 "유리창이 깨"지고, "푸르르 푸른 새가 날아 오"르고, "눈도 귀도/맑게 열"리는 것이다.

살펴보았듯이 이건청 시인의 「테헤마나」는 고갱이 그림으로 표현한 건강한 자연의 원시성과 생명성이 넘치는 관능을 나타냄으로써 문학과 미술이 각각의 질료로 공동의 주제를 형상화하고 있음을 알 수 있다.

이건청 시인이 고갱 그림 속에 나타난 이미지들이 주는 메시지를 나타낸 것에 비해 최서림 시인은 「고갱」 연작 시편을 통해 고갱 그림 속의 이미지를 그가 살고 있는 오늘에 옮겨와 우리 시대의 이야기를 풀어내고 있다. 그러므로 그의 시속의 이야기들은 시인 자신의 체험이 녹아나 있다.

남국(南國) 붉은 땅에서만 자라는 잎 넓은 나무가
금곡이 감나무를 칭칭 감으며 올라가고 있다

남자들은 다 어디로 갔는지
여자들만 닭싸움 구경을 하고 있다
툇마루에 모여 낄낄거리고 있다
뱁새눈을 게슴츠레 뜨고 늙수그레한 여인들이

폴 고갱, 황색 그리스도, 1889년

독 오른 장닭들을 핥듯이 쳐다본다

남국의 땅처럼 피부가 붉은 여자들이
잎 넓은 나무처럼 길고 긴 팔로
대낮 티켓다방에서 중늙은이들을 휘휘 감고 있다

싸움에서 이긴 피투성이 수탉이
암탉 위에 올라타서 벼슬을 쪼고 있다
늙은 감나무 둥치만한 허리를 한 여인들이
꼴깍, 꼴깍 침을 넘기고 있다
두 손 공손히 모으고 고개를 숙인
월남전 이래 홀로 사는 여자도 있다

해는 동에서 떠서 서로 기울고
아이들과 소들은 아침에 눈을 떠서
어김없이 저녁에 눈을 감는 날들이다
막힌 구멍들이 시원스레 뚫리는 날들이다

-최서림, 「고갱 1」 전문

"남국(南國) 붉은 땅"은 고갱의 그림 속에 등장하는 원시성이 간직된 공간이며, "금곡리"는 시인이 살아가고 있는 오늘의 공간이다. "남국의 땅처럼 피부가 붉은 여자"들은 고갱이 문명을 떠나 살았던 원시 공간에서 사는 사람들이고, "대낮 티켓다방에서 중늙은이들을 휘휘 감"은 여자들은 오늘의 공간에서 살아가고 있는 사람들이다. 보다시피 최서림 시인의 「고갱」은 원시성이 숨쉬는 공간과 그곳에서 자연처럼 살아가는 사람들과 오늘 우리가 살아가고 있는 공간과 사람들로 서로 대비를 이루고 있다. 그것은 "싸움에서 이긴 피투성이 수탉이/암탉 위에 올라타서 벼슬을 쪼고 있"는 것과 이를 바라보며 "늙은 감나무 둥치만한 허리를 한 여인들이/꼴깍, 꼴깍 침을 넘기"는 것에서 짐작할 수 있듯이 성애(性愛)에 대한 관심을 표명하고 있다. 특히 "두 손 공손히 모으고 고개를 숙인 월남전 이래 홀로 사는 여자도 있"어, 그들이 성애에 대해 갈망하고 있음을 알 수 있다. 고갱이 추구했던 원시의 건강한 생명성이 최서림의 「고갱」에서는 중늙은이들을 티켓다방 아가씨들이 유혹하고, 수탉이 암탉과 짝짓기하는 모습으로 보여주고자 한다. 이러한 관념은 생명이 있는 것들이면 생겨나서부터 지금까지 오랜 시간 이어져 온 것으로 티켓다방 아가씨들의 성 관념이 불순하긴 하지만 "해는 동에서 떠서 서로 기울고/아이들과 소들은 아침에 눈을 떠서/어김없이 저녁에 눈을 감는 날들"처럼 끈질기게 이어온 생명의 근원이다.

그러므로 최서림의 「고갱」 역시 고갱이 추구해 온 원시성과 생명성을 문학으로 나타내고 있다는 측면에서 앞에서 살펴본 이건청 시인의 「테헤마나」와 일맥상통하고 있다고 볼 수 있다.

최서림 시인은 보다 구체적인 고갱의 그림 속을 들여다보지 않고 원시를 향한 고갱의 순수한 열망을 화가와 그의 삶, 그리고 그가 추구해온 이념의 상징을 '고갱'이라고 명명하고 있다. 이처럼 최서림 시인의 화가 고갱과의 교감은 '고갱'이라는 이름 속에 함축함으로써 연작으로 다양한 원시에의 순수한 열망을 형상화하고자 했던 것이다.

알베르토 자코메티의 조각과 최승호의 시

스무 살 무렵에 나는 알베르토 자코메티를 만났다. 이미 10여 년 전에 생을 마친 화가였지만 나는 대학생이 되어서야 그의 존재를 알게 되었다.

오늘날의 시각으로 바라보면 보잘것없는 것이지만 1970년, 나는 읍내 중학교에 진학하면서 도로가에 있던 2층짜리 집이나 시멘트로 지은 건물, 그리고 길거리의 자동차들에 매우 낯설어하며 마음이 편치 않았다. 그것은 물과 기름이 하나가 되지 못하고 따로 노는 것과 같았다. 그러다가 대학 진학을 위해 대도시로 나오게 되면서 중학교 때와는 더욱 큰 낯섦과 문명에 대한 충격과 마주쳤다. 시골과는 비교할 수 없을 만큼의 시멘트 건물에 칠해진 하얀 페인트가 짓밟아왔다. 길거리의 자동차가 나를 향해 짐승처럼 달려들 것만 같았다. 어떤 때는 높은 건물들이 내게로 마구 쏟아지는 착시 현상을 겪기도 하였다. 왜 나는 도시라는 자본주의 공간과 자본주의적 삶의 방식에 쉽게 적응하지 못하고 몸살을 했는지 모른다. 지긋지긋한 그때의 기억들이 지금도 또렷하다.

내가 읽은 책 표지에서 보았던 마하트마 간디의 얼굴을 닮고 싶었다. 눈만 부리부리하게 살아있는 비쩍 마른 사람의 모습이 뇌리에 가득 찼다. 그래서 나는 몸에 살이 찌는 것을 혐오했다. 음식이 목구멍에 잘 넘어가지 않았다. 그러다 보니 몸이 비쩍 말라갔다. 그 무렵, 자코메티의 조각들을 보았다. 막대기처럼 마른 인물 조각 작품들은 내가 닮고 싶었던 모델들이었다. 나는 깜짝 놀라며 무척 반가웠다.

거울을 보며 멋을 부릴 스무 살짜리 청년이었지만 나는 그런 것에는 소가 먼 산 쳐다보듯 했다. 책만 읽었다. 수많은 책을 읽어가며 나는 외형주의보다도 사물의 내면을 들여다보는 철든 아이였다.

1970년대 중반, 내가 대도시에서 빌딩을 보고, 많은 자동차의 행렬을 보고, 그리고 오염된 광주천의 시궁창 물을 보고 문명에 대해 거부하는 태도를 보인 것은 자코메티가 만든 막대기처럼 마른 인물상들과는 어느 정도 거리가 있다. 그럼에도 불구하고 스무 살, 외롭고 쓸쓸한 그 시절 자코메티의 빼빼 마른 조각상들을 보며 동질감과 위로를 받았던 것이 사실이다.

청년 시절, 외롭고 쓸쓸할 때 나를 지탱하게 해 준 조반니 알베르토 자코메티는 1901년 10월 10일, 이탈리아 국경에서 가까운 스위스의 보르고노보에서 태어났다. 아버지 조반니 자코메티(1863~1933)는 스위스에서 명성을 떨친 후기인상파 화가였다. 그는 아들 알베르토 자코메티가 훌륭한 예술가가 될 수 있도록 예술적 환경과 재정을 아낌없이 지원하였다. 그는 "화가란 제대로 볼 줄 아는 사람이어야 한다. 미술을 공부한다는 것은 보는 것을 배우는 것이다"고 알베르토 자코메티에게 가르쳤다. '화가가 실체 사이의 관계'를 표현하는 능력을 길러야 함을 강조했던 것이다. 그러면서 아버지와 아들은 예술과 작품에 대해 끊임없이 얘기를 나눈다.

자코메티는 1915년 가을 쉬어스 중등학교에 들어가 1919년 부활절 무렵까지 다니면서 친구들의 초상화와 공책에 교사들의 캐리커처를 그렸다. 아들의 예술적 재능을 발견한 자코메티의 아버지는 아들을 제네바의 미술학교에 등록시켜 제임스 비버트에게 그림과 조각을 배우게 한다. 그러나 그의 이상주의적 스타일은 자코메티의 마음을 사로잡지 못해 자코메티는 며칠 만에 학교를 떠나고 만다. 그리고 제네바 미술공예학교에 입학한다. 기초적인 내용을 가르치는 이 학교의 방식에 흡족해한다.

1920년 자코메티는 제네바에서 공부를 그만두고 아버지를 따라 베네치아 비엔날레를 보러 간다. 1922년 1월, 자코메티는 프랑스 파리의 그랑 쇼미에르 아카데미에 등록한다. 아버지의 조언에 따라 로댕의 제자인 앙투안 부르델의 수업을 듣지만, 그에게는 감명 깊은 수업이 되지 못한다. 그러자 자코메티의 아버지는 아들을 격려한다. 아들이 자신의 능력을 의심하고 괴로워하면서, 마음에 드는 작품이 나올 때까지 만든 작품들을 모두 부숴버린다. 이러한 태도는 평생 계속된다. 자코메티는 스승인 부르델과 미술의 견해에서 이견을 가지고 있었다. 즉 콘크리트 같은 새로운 재료나 기술의 근대성, 이국적 문화에 관심이 없었다. 그러나 자코메티는 끊임없이 모사를 열심히 하는 부르델의 부지런함을 실천한다. 그러는 과정에 부르델의 실험적인 작품들을 모방한다.

1928년, 아버지의 계속되는 지지로 파리에서 입체파 비구상 조각의 선두주자였던 립시츠에게 자문을 구한다. 자코메티에게 립시츠는 가장 많은 영향을 끼친 조각가였다. 1930년에 초현실주의 그룹에 가입하여 그룹 활동과 전시회에 참여한다. 이 무렵에 「매달린 공」을 제작한다. 이 작품은 최초의 '움직이는 조각'으로 자코메티의 욕망이 투사되어 있다. 공이 쐐기모양의 물체 위에 매달려 있다. 공은 쐐기의 형태를 따라 그 위를 지나가게 되어 있다. 공은 홈이 파였고 쐐기 형태의 움푹 들어간 부분에 닿는다. 따라서 공은 남성을, 쐐기는 여성을 상징한다. 그러나 공을 매달고 있는 끈 때문에 두 사물, 즉 남성과 여성의 결합은 좌절된다. 그러므로 이 작품은 작가의 성욕이 좌절됨을 암시한다. 초현실주의 시절 자코메티는 감각보다 사고를 우위에 두었다.

1935년 사물의 형상을 그리지 않는 초현실주의 그룹에서 자코메티가 실물과 똑같은 인간의 동상을 조각하자 그를 제명시킨다. 그러면서 초현실주의 그룹의 작가들이 격렬한 비난을 퍼붓는다. 인간이나 자연 등 실제 존재하는 것들을 그리지 않고, 의식의 세계를 초월하는 무의식 · 꿈 · 환상을 그리는 것이 초현실주의이지만, 자코메티는 인간의 두상을 조각하되 마음속으로는 두상을 조각하지 않는다. 즉 자코메티는 현상이 아니라 현상의 배후에 있는 현상을 지탱하는 핵심, 보이지 않는 본질에 닿으려고 하였다. 이러한 자코메티의 시각을 이해하지 못했기 때문에 자코메티를 초현실주의에서 제명했던 것이다. 그러는 사이, 1932년 피에르 콜 화랑에서 첫 개인전, 1934년 미국 뉴욕에서 개인전을 하는 등 자코메티의 명성은 높아만 간다.

1949년 무렵, 자코메티는 「걸어가는 남자」 시리즈를 제작한다. 마치 뿌리처럼 두꺼운 발을 하고서 정면을 바라보는 작은 여인상을 만들었는데 앞뒤로 이동하는 잠재적인 움직임을 표현하였다. 「커다란 여인들」에서는 머리가 아주 작아서 더욱 거대하게 보이는 효과를 준다. 1966년 암으로 사망할 때까지 만년에 이르러 자코메티는 조각상의 정면성을 고집하는 경향이 줄어들고 모든 방향을 포착한다. 또한 공간과 함께 작품이 용해되어 위로 올라가듯 옆으로 펼치는 작업을 한다.

자코메티는 모델을 앉혀놓고 조각 작업을 많이 하였다. 이때 그는 모델을 재현하고 옮기고 복사하는 것이 아니었다. 모델과 싸우고 투쟁하는 것의 반복을 통해서 인간의 본질을 추구했다. 그러므로 그가 만든 조각을 통해 보여주려고 하는 것은 얼굴과 신체의 이면에 숨겨져 있는 본질이다. 다시 말해 그는 현상이 아니라 현상 뒤에 존재하는 의미를 추구했다.

그런데 얼굴이나 신체 뒤에 숨어있는 것은 허공일 뿐이다. 얼굴이 얼굴일 수 있는 것과 신체가 되기 위해서는 이 빈 공간 속에서 빈 공간과 같이 움직여야 한다. 빈 공간이 얼굴의 조건이고 신체의 조건인 것이다. 즉 자코메티는 사물이라는 현상을 보는 것이 아니라 사물을 감싸고 사물을 생산하는 공간, 다른 식으로 말해 사물의 근거를 보았던 것이다.

자코메티가 평생 꾸준하게 모사를 했던 것으로 모사를 뛰어넘는 모사를 하기 위함이었다. 이처럼 오랫동안 모사를 하게 된 배경은 자코메티의 아버지가 어린 아들에게 "화가는 제대로 볼 줄 아는 자여야 한다. 미술을 공부한다는 것은 결국 보는 것을 배우는 일이다"는 데에서 기인했다고 볼 수 있다. 그래서 훗날 자코메티는 그의 동생을 모델로 앉혀놓고 조각을 하다 보면 동생이 전혀 낯설어진다고 말했다. 그는 모델을 보면서 모델을 보지 않았던 것인데 모델이라는 사물이 존재하는 허공의 근거를 보았다.

이러한 자코메티 조각의 본질은 현상 아닌 현상을 통해 인간과 사물의 존재를 규명하려 했던 것으로 보인다. 즉 자코메티는 작품을 통해 인간을 둘러싼 공허와 인간 사이의 거리를 들여다볼 줄 알았던 예술가였던 것이다.

나의 스무 살 시절처럼 자코메티의 조각상들에게서 위안을 느낀 사람이 최승호 시인이다. 최승호는 『자코메티와 늙은 마네킹』이라는 제목으로 시선집을 낼 정도로 자코메티의 작품들에 대해 예의를 갖추었다. 이 시집에는 자코메티의 조각작품을 중간 중간에 끼워 넣었다. 그리고 시집 말미에는 자코메티의 축약된 삶의 연보를 실었다. 내 생각으로는 최승호의 시 여러 편에서 자코메티의 조각작품의 이미지에 시인 자신의 삶의 내력을 은연중에 오버랩시킨 것으로 짐작이 된다. 물론 최승호의 작품은 엄연히 독립된 텍스트로 존재한다. 자코메티의 조각과 최승호의 삶의 체험이 시적 배경이 되었을 뿐이지만, 조각과 시라는 장르적 이질감이 주는 정서가 아주 낯설게 다가온다.

뼈다귀가 가죽을 내미는 늙은 것이
털이 빠지고
웅크린 채
홀쭉한 뱃가죽을 들썩이며
가쁜 숨을 몰아쉬는 늙은 것이
쇠사슬에 목덜미가 묶인 채
짖어댄다
짖어댄다
짖는 일도 뜸하던 늙은 것이
머지않아 턱이 떨어지고
이빨마저 다 빠져버릴 병들고 늙은 것이
짖어댄다

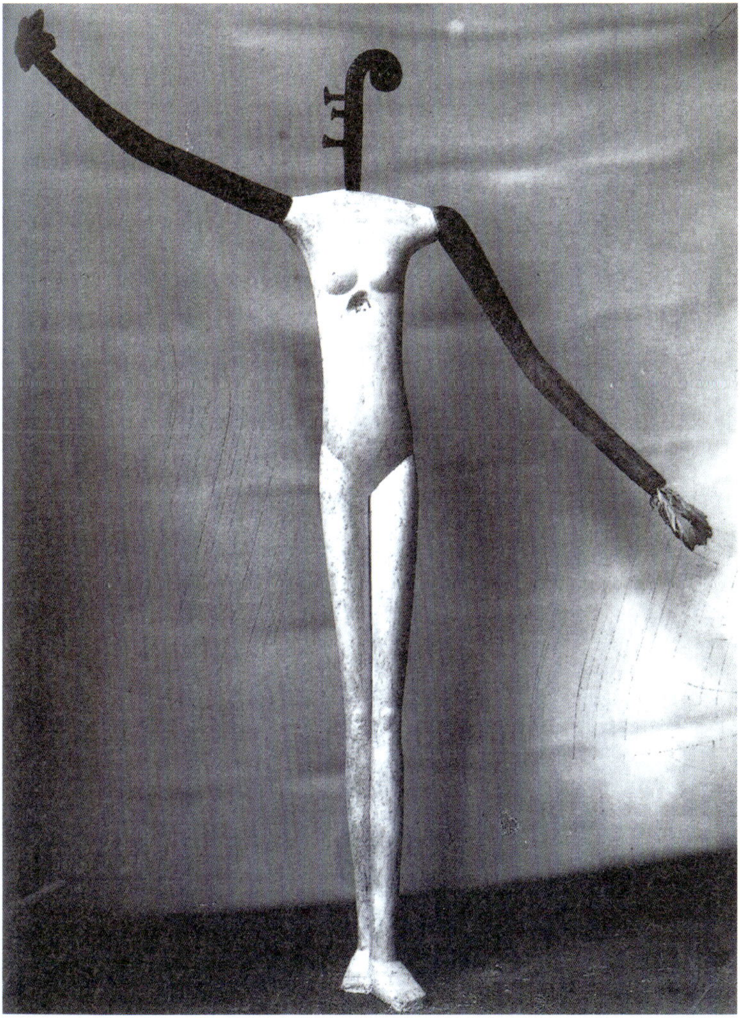

알베르토 자코메티, 마네킹, 1933년

짖어댄다
교회당 종소리가 뎅그렁거리고
유난히 크고 밝은 금성이 번쩍번쩍거리는 새벽에
돌연 늙은 개의 짖음은 음울하고 서러운
늑대의 울음으로 변해버린다
시커먼 늑대의 울음이
새벽하늘을 시커멓게 적셔버린다

-최승호 「울음」 전문

자코메티의 「개」를 최승호식으로 형상화한 작품이다. 나는 최승호가 자코메티의 「개」를 보는 순간 어떤 생각이 들었을지를 생각해본다. 무엇이든지 첫인상이 중요하기 때문이다. 첫인상은 거의 변하지 않고 대상에 대한 인상을 유지한다. 아마 최승호는 비루먹은 것처럼 비쩍 말라 가죽이 뼈를 옥죄고 있는 개를 통해 누군가, 혹은 자신일 수도 있는 어떤 존재를 떠올렸을 것이다. 그 사람은 매우 우울하고 슬퍼서 울고 있다. 그 이미지가 개로 형상화되어 나타난 것이다. 이 개는 "뼈다귀가 가죽을 내미는 늙은" 개다. "털이 빠"져 "홀쭉한 뱃가죽을 들썩"인다. 이렇게 병든 늙은 개는 "가쁜 숨을 몰아" 쉰다. 뿐만 아니라 "쇠사슬에 목덜미가 묶"여 있으니 자유롭지 못하다. 자코메티의 「개」는 쇠사슬에 묶여있지 않으면서 어디론가로 걸어가고 있는 모습이다. 그런데 최승호가 자코메티의 「개」를 바라보면서 느낀 이미지는 "웅크린 채"이며 "이빨마저 다 빠져버릴 병들고 늙은 것"이다. 늙고 병든 개가 웅크린 채 짖는 것은, 다시 말해 "늑대의 울음으로 변해버린" 늙은 개의 "시커먼 늑대의 울음이/ 새벽하늘을 시커멓게 적"신다.

최승호의 「울음」 속의 개는 외롭고, 춥고, 병든 노인과 같은 존재이다. 그러므로 "교회당 종소리가 뎅그렁거리고/ 유난히 크고 밝은 개의 짖음"은 "음울하고 서러"워 마치 늑대처럼 슬프게 우는 것이다.

이 작품에서 늙고 병든 개와 새벽녘 들려오는 교회당 종소리와 금성의 반짝거림은 서로 대척점에 놓여있다. '절망'과 '희망'을 동시에 느끼면서, 생명성에 대한 인식을 하게 한다.

최승호의 「울음」은 생명성뿐만 아니라, 역설적으로 '공허', '무', '죽음'에 대해서도 생각하게 한다. 이는 자코메티가 사물의 현상을 형상화하려 하는 것보다, 현상의 이면에는 존재하는 보이지 않는 현상을 보려 했던 것과 같은 의미를 지닌다.

자코메티는 청년 시절부터 늘 새로운 것을 찾았다. 1927년에 살롱 데 튈르리에 「커플」, 「숟가락 여인」을 출품했는데 그는 특별초대전에 조대되었다. 특별 전시는 가상 아방가르드식인 삭품늘을 전시하는 작품전이었다. 이 두 작품은 아프리카 미술을 영향받은 것으로 보인다.

최승호가 「숟가락 여인」이라는 괴상망측한 이름을 가진 작품에서 무엇을 보았는지를 알 수 있는 단서가 바로 그의 시작품 「썩는 여자」이다. 즉 시인은 아주 대담하게 아카데믹한 기존의 조각 작품들과 달리 기하학적이고 단순한 조각작품에서 인간의 욕망을 보았을 것이다. 조각작품의 이름을 통해 자코메티가 '숟가락'을 형상화했음을 짐작할 수 있다. 이 작품은 하얀 달걀 같고, 둥그런 숟가락의 형태를 보여준다. 자코메티는 타원형의 수저에서 여성성을 발견했을 것이다. 이를 유추해볼 수 있는 작품으로 같은 시기에 제작한 「부부」라는 작품에서 남성은 기다란 마름모꼴이지만, 여성은 나뭇잎, 또는 숟가락의 형상과 비슷하다. 이것으로 보아 자코메티가 타원형에서 여성의 이미지를 느꼈을 것으로 짐작된다. 어쨌든 '숟가락'은 형태적으로 '여성'과 유사성을 띠고 달걀 형태로 나타난다.

'숟가락'과 '여자'의 유사성은 형태뿐만 아니라 '먹는다'의 의미를 지닌다. 이승훈의 말에 의하면 자코메티의 「숟가락 여인」은 '먹고 싶은 욕망'을 나타낸 것으로 '식욕과 성욕'이라는 것이다. 남자가 여자를 보면 먹고 싶다고 은유적으로 말하는 것을 볼 수 있다. 식욕과 더불어 성욕 또한 '먹고 싶은 욕망'인데, 그러나 지상에서 유일하게 인간만이 아무리 채워도 욕망을 모두 채울 수 없다. 끊임없는 결핍의 연속이다.

자코메티의 「숟가락 여자」에서 최승호는 인간의 지칠 줄 모르는 욕망, 또는 결핍을 「썩는 여자」를 통해 드러낸다.

> 그녀는 지하생활자가 되어간다
> 지하철을 타고 지하상가의 많은 물건들을
> 방에다 가득 채우는 그녀의 머리에
> 끈끈한 음지식물들이 자라는 것을
> 나는 보고 있다 그녀는
> 지하생활자가 되어간다 습기와 시멘트 냄새,
> 하수구의 악취,
> 그녀의 살가죽은 눅눅하고 퀴퀴하게
> 속으로부터 썩으며 곪고 있지만 아직
> 구멍이 난 것은 아니다 새끼들을 치고
> 부엌에 나타나 뻴뻴거리는
> 쥐며느리, 바퀴벌레, 그리마
> 축축한 벽지를 들고 일어나는 곰팡이와

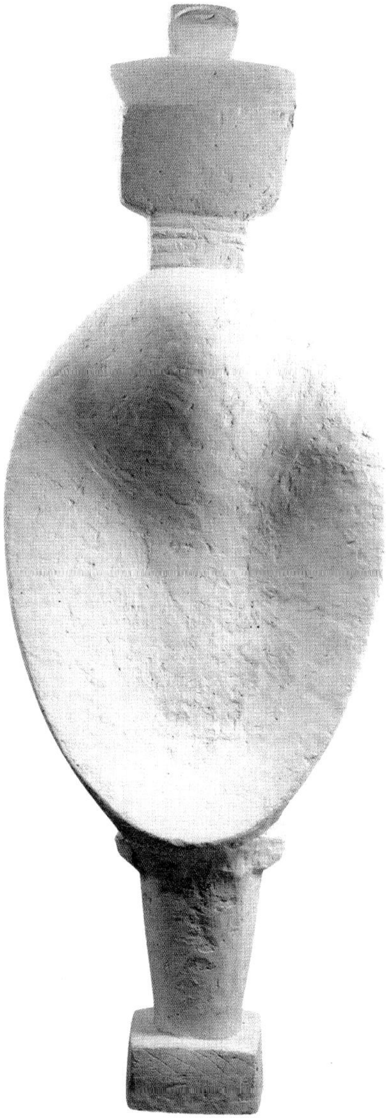

알베르토 자코메티, 숟가락 여인, 1926년

그녀의 싸움은 결국 곰팡이들의 승리로 끝날 것이다
밤이면 관 속에 누워 있는 여자,
천장 위에 이사온 사람들이 못질하는 소리,
그녀는 조금씩 시체를 닮아가는 모양이다
발가락들은 헐어 진물을 흘리고
화장품은 더 이상 그녀의 주름살을
덮어주지 않는다 때때로 그녀도 책을 읽는다
늙은 학자의 흰 수염처럼 하얀 벌레들이 기어나오는 책을
그러나 정말
어떻게 살아야 할지를 모르겠다고 중얼대다 잠든다
컴컴한 문명 속의 이 문둥이 여자를
그 어디
햇볕 좋은 땅 위로 데려가
그녀의 머리에 끈끈하게
거머리처럼 자라난 음지식물들을 말려 죽여야 할까

-최승호 「썩는 여자」 전문

화자는 "지하생활자가 되어"가는 "그녀"를 바라본다. 그러나 "그녀"는 시적 화자의 모습이기도 하다. 객관적인 시각에서 자신을 바라보기 위해서 한 발자국쯤의 거리를 두고 자신을 바라보는 것이다. 화자가 바라보는 "지하상가의 많은 물건들을/방에다 가득 채우는 그녀"는 욕망으로 가득 찬 존재이다. 그러나 실상은 가난한 지하 생활자이다. 가난하면서도 욕망하는 자본주의 사회 인물의 전형이다. "그녀"가 살고 있는 곳은 "지하"이다. '지하'라는 세계는 정상적인 공간이 아니다. 주지하다시피 지하는 햇볕이 들지 않는 곳으로 음습하고 어두운 공간이며, "습기와 시멘트 냄새, 하수구의 악취"가 풍기는 세계이다. 그러므로 지하에는 "그녀의 머리에/끈

끈한 음지식물들이 자"라고 있다. 이렇듯 좋지 않은 공간에서 사는 "그녀의 살가죽은 눅눅하고 퀴퀴하게/속으로부터 썩으며 곪고 있" 다. 사람이 살 수 없는 환경에서 살고 있기 때문이다. 그렇기 때문에 "그녀"는 "부엌에 나타나 뻘뻘거리는/쥐며느리, 바퀴벌레, 그리마/축축한 벽지를 들고 일어나는 곰팡이와" 싸우며 살아간다. 그런데 "그녀의 싸움은 결국 곰팡이들의 승리로 끝날 것"을 화자는 이미 알고 있다. 마치 자신의 미래를 들여다보듯이 "그녀"를 뻔히 들여다보고 있다.

"그녀"의 미래는 매우 비관적이어서 "밤이면 관 속에 누워"있다. 햇빛이 비치는 지상에서 "이사온 사람들이 못질하는 소리"가 "그녀"의 천장에서 들려온다. "그녀는 조금씩 시체를 닮아가는 모양이다" 햇빛을 보지 못하고 살아가기 때문에 "발가락들은 헐어 진물을 흘리고/화장품은 더 이상 그녀의 주름살을 덮어주지 않는다" 이렇듯 무엇인가 잘 못 살아가고 있는 "그녀"는 자신이 잘 못 살아가고 있음을 인식하고 "때때로 그녀도 책을 읽는다" 그렇지만 "어떻게 살아야 할지를 모르겠다고 중얼대다 잠든다" 오늘날 과학 문명이 인류 역사상 가장 발전한 시대를 살고 있지만 "컴컴한 문명"으로 인식하는 시적 화자는 "컴컴한 문명 속의 이 문둥이 여자를" "햇볕 좋은 땅 위로 데려가/그녀의 머리에 끈끈하게/거머리처럼 자라난 음지식물들을 말려 죽"일지를 고민한다.

이 작품은 자본주의 문명사회에서 살아가는 인간의 모습을 그리고 있다. 가난하지만, 그래서 지하 생활자이지만, "지하상가의 많은 물건들을/방에다 가득 채우는 그녀"는 물질적 욕망으로 가득 차 있다. 이 작품에서 '지하'는 실제의 '지하'일 수도 있지만 '햇볕이 들지 않는 땅 속', 즉 '불모지대'의 은유로 이해할 수 있다. 햇볕이 따가운 문둥병자이기도 한 "그녀"는 과도한 욕망을 꿈꾸는 오늘 우리들의 초상이기도 하다. 이러한 진실을 알고 있는 시적 화자는 우리 모두를 지옥과 같은 지하에서 햇볕이 드는 땅 위로 구원하고 있다.

자코메티의 「숟가락 여자」라는 조각작품이 최승호의 시 「썩는 여자」를 통해 자본 문명사회를 살아가는 현대인들이 어떻게 욕망하는지를 구체적으로 보여준다.